走塁革命

スプリントコーチ・阪神タイガース臨時ランニングコーチ
秋本真吾

竹書房

はじめに —— 野球選手の足はまだまだ速くなる

『走塁革命』——。

このタイトルだけ見ると、プロ野球の世界で足を武器に活躍した選手の書籍だと思われるかもしれませんが、野球をプレーした経験はありません。

私の名前は秋本真吾。１９８２年生まれで、今年の４月に39歳になりました。

小さい頃から陸上の短距離一筋で走り続け、専門種目は４００メートルハードル。24歳のときにはオリンピック強化選手に選ばれるも、オリンピック出場には至らず。２０１２年、30歳になる年に現役を引退しました。２０１４年からはスプリントコーチとして活動し、Ｊリーガーやプロ野球選手、高校球児、小学生の子どもたちと、さまざまな世代の走り方を改善し、タイム向上のサポートを担っています。

そんな私がなぜ、『走塁革命』なる本を出版することになったのか。そこには、いくつかの理由があります。

「野球選手の足はまだまだ速くなる」

「恵まれたフィジカルを生かし切れていない」

「走り方を改善すれば、盗塁成功率はもっと上がる」

「多くの選手の走り方は、ケガのリスクと紙一重」

すべて、高校生にもプロ野球選手にもあてはまることです。

そもそも、これまでの競技生活の中で、走り方を教わってきた選手がどのぐらいいるものでしょうか。打ち方、投げ方は子どもの頃から指導を受けているでしょうが、走ることに関しては、我流と本能で突き進んできた選手が多いのではないでしょうか。攻撃でも守備でも、「走る」という運動が密接につながっているにもかかわらず、走り方を教わる機会は少ないように感じます。それゆえに、走りの技術をもっと突き詰めていけば、今以上に足が速くなるのは間違いない。野球選手の走りを目にするたびに、無限の可能性を感じるのです。

野球との関わりでもっともわかりやすいのが、2016年の秋季キャンプから臨時コーチとして携わる阪神タイガースです。主にファームの若手選手を指導する中で、20

17年にはファームでリーグ2位の89盗塁、翌2018年にはリーグ新記録となる169盗塁をマーク。2018年の記録は、この年に監督を務めた矢野燿大さんが、「アウトになってもいいから、積極的に走っていこう」という方針を打ち出し、盗塁企図数が増えたことも要因のひとつに考えられます。2019年、矢野さんが一軍の監督に就任した年には、セ・リーグ1位の100盗塁を記録しました。

盗塁数の増加はチームの方針にもよるので、私の指導がどれだけ力になったかはわかりません。ただ、選手の走り方は確実に良くなっており、のちほど紹介しますが、走りの中でのハムストリングスの肉離れもなくなってきています。

阪神に関しては、こんな数字もあります。私が指導する前（2016年11月）と指導後（2019年2月）の30メートル走のタイムを比べると、平均で0・07秒、最大では0・14秒速くなっているのです（＊13人の選手を対象に、光電管を用いて計測）。

陸上にあまり詳しくない人は、「平均で0・07秒？　たいしたことないじゃん」と思うかもしれませんが、20歳を過ぎた大人が30メートルの短い距離でタイムを伸ばすのは想像以上に難しいことです。ちなみに0・07秒は、30メートルにおいてどのぐらいの差かというと、およそ30センチ。0・14秒になれば約60センチ。30センチ定規の長さを思い出してもらえると、イメージが湧きやすいでしょう。間一髪アウトのプレーが、セーフになる可能性を持っているわけです。

私のような陸上の専門家が、野球選手の指導をすると、「陸上と野球では走り方が違うのでは?」「野球は前に進むだけでなく、切り返し動作が必要。打球を見ての状況判断も求められる」という声が必ずといっていいほど上がってきます。たしかに一理あるでしょう。でも、すべてにおいて〝違う〟とはまったく思いません。

私の考えは、「基本の走りは陸上にある」。

陸上選手は、走りのスペシャリストであり、どうすれば速く走れるかを毎日考えています。それこそ、日常の何気ない一歩でさえも、「走りにつながるのではないか」と結び付けているもの。着地姿勢、空中姿勢、腕振り……、プロ野球選手が本気で極めていけば、もっともっと足は速くなる。ここに関しては、自信を持って言い切ることができます。

では――、足を速くするにはどのような指導法が必要になるのか?

スプリントコーチの肩書きを持っているため、多くの人から「速く走るにはどうしたらいいですか?」という質問を受けます。そのたびに同じ言葉を返していますが、その答えは2つしかありません。

「ピッチ＝脚の回転速度」を高めることと、「ストライド＝一歩の距離」を伸ばすこと。

この2つの掛け算によって、スピードを上げることができるのです。

〈スピード＝ピッチ×ストライド〉

この方程式を知ることが、速く走るための第一歩になります。

「ピッチ＝脚の回転速度」、「ストライド＝一歩の距離」と言い換えることができます。

100メートル走の世界記録保持者であるウサイン・ボルト選手を例に出すと、一歩の歩幅は最大3メートルで、1秒間の歩数は最高で約4・7歩。とてつもない数字を記録しています。一歩で3メートル進むなんて、想像がつくでしょうか？


野球選手の走りを細かく分析すると、「ストライドが広く、ピッチが遅い」という特徴が見られます。その理由は、適切な場所に着地ができていないからです。適切な着地とは何か、理想の着地を生み出すためにはどんなトレーニングがあるのか、のちほど丁寧に解説していきます。

本書では、第1章でピッチ×ストライドを実現するための基本的な理論、第2章でプロ野球選手に多く見られる走り方の特徴、第3章で走り方の改善につながるさまざまなドリルやトレーニングを紹介し、第4章では「盗塁」に焦点を当てて、リード姿勢やスタートの切り方を深く掘り下げていきます。

さらに、ルーキー時代から関わりのある阪神タイガース・近本光司選手の協力のもと、スペシャル対談も実現。盗塁成功率を上げるためにどのような取り組みをしているのか。足のスペシャリストである近本選手ならではの考えを、じっくりと聞くことができました。現役選手には参考になる話が詰まっているので、193ページからの対談をお楽しみください。

本編に入る前に、私の指導理念をお伝えしておきます。コーチングの柱に置いているのが次の3つの視点であり、この考えをもとに指導に当たっています。

① 競技者としての経験

400メートルハードルで、高校1年から8年連続でベスト記録を更新するも、25歳からの3年間はまったくタイムが伸びず、大きなスランプに陥りました。このときの私は、結果が出ない原因を「努力が足りないからだ」と練習量のせいにしていたのですが、根本の原因はそこではないことに気付きました。

要所でアドバイスをもらっていた為末大さん（400メートルハードルで、世界大会2度の銅メダル獲得）から、「秋本、腰が動いているぞ」と指摘を受けたことがきっかけでした。まったく自覚がなかったので「いや、動いてないです」と反論したのですが、あとから映像を見返してみると、明らかに動いている。それまでの私は映像を見る習慣がなく、己の感覚に頼っていたため、フォームの乱れに気付けなかったのです。映像を細かく分析して走り方を見直し、土台となるトレーニングにも力を入れた結果、28歳のときに4年ぶりに日本選手権で入賞。新たな感覚を得た手ごたえがありました。

がむしゃらに努力をしても、足は速くなりません。速く走るためのメカニズムを知ったうえで、自分の走りが今どうなっているのかを客観的に分析できる目が必要になってくるのです。

これは、陸上に限ったことではないと思います。どんな競技であっても、感覚と練習量だけではどこかで限界がきてしまうものです。若い頃から、為末さんには「大人になったら頭の勝負だぞ。頭をどう使うかだからな」とずっと言われていました。年齢を重ねるにつれて、その言葉の意味が理解できるようになったのです。

自分自身の苦い経験もあって、スプリントコーチとなった今は動画を必ず撮るようにしています。選手がイメージしている理想の走りと、実際の走りに、どのような違いがあるか。言葉で伝えるだけでは限界があるので、動画を見せます。指導の現場では、『コーチズアイ』というアプリを活用しています。

私はスプリントコーチの立場である一方で、2016年からマスターズの大会に出場し、37歳で迎えた2019年にはアジアマスターズの100メートルで優勝することができました。決勝のタイムは10秒97。10秒台を目標にしていたので、本当に嬉しい優勝でした。身体が動く限りは、競技者としてタイムを追い求める努力を続けていきたい。自分が経験したトレーニングであれば、コーチングの際に、一歩奥にまで踏み込んだ伝え方ができると考えているからです。

② 指導者としての経験

浦和レッズで活躍する槙野智章選手や宇賀神友弥選手をはじめとしたJリーガー、内川聖一選手（ヤクルト）や荻野貴司選手（ロッテ）、そして阪神の若手を中心にしたプロ野球選手など、陸上とはまったく違った競技の選手から、仕事のオファーをいただくようになりました。

私には陸上の経験しかありません。「競技者としての経験」は強みになる一方で、それだけに頼っていたら、自分が経験したことしか伝えられないコーチになってしまいます。だからこそ、勉強を重ねました。動画配信でサッカーや野球の試合を見たり、自分でスパイクを買って盗塁のスタート練習をしたり、他競技の走りを学び続ける。心に留めていることは、「自分自身の身体で試してみて、効果があると感じたことを伝えていく」。誰かから聞いた話を、選手にそのまま伝えるようなことは絶対にしません。

また、「抽象的な表現」はできる限り使わないように心がけています。私が伝えたい意味と、選手の受け取り方に、どうしても差が出てしまうからです。

代表的なところで「軸」や「重心」があります。軸の定義は何なのか、重心とは何を指しているのか。わかるようでわからない。「軸がきれい」と言われれば、何となくイメージはつきますが、人によってその解釈は違ってくるでしょう。だから、指導の場では使いません。「シンプルでわかりやすく」。これを、コーチングの際には徹底しています。

③ エビデンスに基づいた経験

走ることに関して、世界中でさまざまな論文が発表されています。陸上だけでなく、野球やサッカーの論文にも目を通し、指導の現場で生かせるエビデンスを探しています。自分の感覚とエビデンスが合致することもあれば、「おれとは違う感覚だな。でも、この論文の話も面白い」と思う内容も多々あるものです。

じつは、私も大学院（国際武道大学大学院修士課程修了）時代に、『大腰筋の筋肥大が疾走パフォーマンスに及ぼす影響』をテーマに論文を書いています。大腰筋は速く走るときに非常に重要とされる筋肉であり、大腰筋を肥大させることがスピード強化の大きなカギになります。被験者にいくつかのトレーニングをしてもらい、どのトレーニングによって大腰筋が肥大したかをＭＲＩ検査で測定しました。詳しい内容は１３０ページから紹介しているので、ぜひご覧になってください。

本書の主旨と、私のスプリントコーチとしての考えをわかっていただいたところで、いよいよ本編へ入っていきます。

文字と写真だけではわかりにくいところもあると思うので、動画でもたっぷりと解説しています。本を読むのが苦手な選手も、動画を見れば、大事なポイントが理解できるはずです。

まずは、速く走るための理論から。いわゆる、「座学」の部分になります。私はさまざまな場で指導する機会がありますが、できるかぎり座学＋実技のセットで時間を作ってもらうようにしています。実技を行う前に、「なぜ？」「どうして？」「何のために？」という根本の部分がわかっていなければ、ひとつひとつのドリルの意味合いが薄れてしまいがちです。理論や考え方をしっかりと伝えたうえで、第３章からの実技に入っていきます。

読者のみなさんの足が、０・１秒でも速くなることを願って――。ぜひ、最後までお付き合いください。

走塁革命

目次

第2章 プロ野球選手に見られる走り方の特徴

第3章 走り方を改善するためのドリルとトレーニング

秋本真吾×近本光司 スペシャル対談

第1章

ピッチ×ストライドを実現するための理論

ピッチ × ストライド ＝ 相反する2つのことを実現させる

第1章では、陸上選手の走りを詳しく紹介しながら、速く走るための基本的な理論を解説していきます。

〈スピード＝ピッチ×ストライド〉

「はじめに」で紹介したとおり、速く走るにはピッチとストライドの両方を高めていくことが絶対条件になります。ピッチだけ速くても、ストライドが狭ければ、スピードは上がっていかず、逆にストライドが広くても、ピッチが遅ければ、なかなか加速していきません。

いかにして、この2つの要素を両立させていくか。〝速く走るための鉄則〟と言い切ることができます。

これは、何も目新しい話をしているのではなく、短距離走を専門にするトップレベルの選手であれば、多くの人がわかっている方程式です。理屈ではわかる。頭でも理解ができている。しかしながら、いざ、自分の身体で表現しようとすると、難易度が高いことに気付くのです。

読者のみなさんも、考えてみてください。

ピッチを高め、さらにストライドを伸ばす――。じつは、相反する２つのことにトライしようとしていることがわかるでしょうか。

一般的な考えとして、ピッチを速くしようとしたらストライドは伸びなくなり、ストライドを広げようと思えば、どうしてもピッチは遅くなります。ちょうどいいバランスを求めていくところに、難しさがあるのです。

難しいからこそ、陸上選手は細かな身体の動きを徹底的に研究し、突き詰めて、ミリ単位の修正・改善を繰り返します。「タイム」という客観的な数字が、結果として見えるだけに戦いはシビアなものです。走りが悪ければ、タイムは出ません。現役を終えるまで、自己記録を追いかける日々が続きます。

走り手の心理を考えてみると、ピッチかストライド、どちらかに寄りがちなところがあり、私の専門競技４００メートルハードルの場合は、総歩数が少ないほうがタイムは出やすい傾向にありました。そのため、ストライドを広げようとするのですが、無理をしすぎるとピッチが遅くなり、後半に失速することになります。逆に、ピッチ重視で走ろうとすると、足の回転ばかりを意識して地面を強く踏み込めません。その結果、ストライドが伸びてこないという悩みに陥りやすいのです。

トップレベルの選手でも、走りにはそれぞれの特徴があります。日本人で言えば、桐生祥秀選手や小池祐貴選手は、世界のトップアスリートと比較しても遜色がないピッチの速さを持ち、サニブラウン・ハキーム選手は190センチの長身を生かしたストライドの広さが持ち味です。自分がどういうタイプで、これからどちらを伸ばしていけばタイムが上がるのか。それを知ることも、速く走るためのポイントになっていきます。

姿勢を制する者が走りを制す

ならば、ピッチの速さとストライドの広さを両立するためには、具体的に何が大事になるのでしょうか――。

私が考えるキーワードは「姿勢」です。

「姿勢を制する者が走りを制する」と言ってもいいぐらい、姿勢と走り（スピード）は密接に関わっています。背中が丸まっていたり、走るたびに頭が左右にぶれていたり、地面に接地する瞬間にヒザが極端に曲がっていたり、腰が落ちていたりする選手に、速い選手はまずいません。トップ選手になればなるほど、真っすぐな姿勢をキープしたまま走っています（写真❶）。背筋がしっかりと伸びて、頭から着地した足までが一直線に並んでいる、ということです。

スタート直後の前傾姿勢にも、同じことが言えます。真っすぐの姿勢から

トップ選手になればなるほど、
真っすぐな姿勢をキープしたまま走っている

そのまま身体を傾けた状態で、決して横から見たときに腰が後ろに引けた「くの字」の姿勢になっているわけではありません（写真❷）。のちほど詳しく説明しますが、真っすぐの姿勢で走るからこそ、地面を強く踏み込めて、推進力を生み出すことができるのです。

美しい姿勢の手本となるのが、リオオリンピックの400メートル決勝で、世界新記録で金メダルを獲得したウェイド・バンニーキルク選手（南アフリカ）です。400メートルのラストの直線に入り、もっとも苦しい場面であっても、姿勢が崩れない。具体的に言えば、骨盤の向きが変わらない。骨盤

横から見たときに腰が後ろに引けた「くの字」の姿勢になっているのはNG

が後傾したり、過度に前傾したりせずに、ゴール方向に対してしっかりと向いている。動画サイトなどで走りの様子を見ることができるので、ぜひ検索してみてください。

ただ、子どもたちに骨盤の話をしても、なかなか伝わりません。「真っすぐの姿勢」も曖昧な言い方のため、小学生に伝えるときにはこんな表現を使っています。

「みんなは焼き鳥好き？　頭の上から串差しになっているイメージで走ってみて。串が折れないように気を付けて」

以前、為末さんが主催する「走り方教室」に年間で数え切れないほど帯同させてもらい、そのときに為末さんが使っていたのがこの表現でした。非常にわかりやすかったので、私も使わせてもらっています。

「串が折れないように走る」

信じられないかもしれませんが、これだけで姿勢が良くなり、タイムの上がる子どもたちがたくさんいます。

もう少し詳しく解説すると、壁に背中をベタッと着けたときに、かかと、お尻、後頭部の3カ所が着いている姿勢が「真っすぐ」です（**写真❸**）。背筋がしっかりと伸びた姿勢であり、背中が丸まると、どうしても頭が前に出ていきやすくなります。「速く走りたい！」と本気で思うのなら、歩いているときから姿勢には気を付けておきましょう。日常的に悪い姿勢で歩いているのに、いざグラウンドに出たときに姿勢を整えようとしても、それは無理な話になってしまいます。

また、小学生・中学生に特に多く見られるのが、左右の肩を揺らしながら走ることです（**写真❹**）。そんな子どもたちには、「ノースリーブのユニホームを着ている部分は動かさないようにしよう」とアドバイスを送ります。別の言い方をすれば、「ヘソを真っすぐ（ゴール方向）向けたまま走ってごらん」。ここで、「軸を崩さないで」と言っても、子どもには何のことかうまく伝わりません。身体の中心にあるヘソを意識することによって、上体の捻れもおさまっていきます。

なぜ、上体の捻れがよくないかというと、極端に言えば回旋しながら走っているのと同じことになるからです。これでは前方向に進むことに対して、力がロスすることになり、速く走ることにつながっていきません。

これらの言葉がけは、高校生やプロの選手にも通じることなので、姿勢が崩れやすい選手は、ぜひ取り入れてみてください。

「真っすぐ」に立つ姿勢が走りの基本

左右の肩を揺らしながら走ると、
力をロスするため速く走れない

走りの局面には「着地姿勢」と「空中姿勢」がある

「串刺し」の基本姿勢を押さえたうえで、もっと細かい話に入っていきます。知識として頭に入れておいてほしいのは、「走りの局面において、姿勢は2つにわかれる」ということです。

① **片足が地面に着地している「着地姿勢」**
② **両足が地面から離れている「空中姿勢」**

ここで大事なのは、「走りにおいて、地面に力を加えられる局面は着地姿勢の一瞬しかない」ということです。言い換えれば、「着地時の姿勢が、スピードに直結する」と表現することができます。もちろん、良い空中姿勢があるからこそ、良い着地姿勢が生まれるわけで、両方を極めていくことが速い走りにつながっていくのです。

そもそも、「走る」の定義は何かといえば、「片足での連続ジャンプの繰り返し」です。スピードがそこまで出ない子どもたちであっても、走っているときに両足が地面から浮く瞬間が必ずある。短距離だけでなく、長距離のランナーにも当てはまることです。歩くスピードを競う「競歩」では、両足が地面から離れた瞬間に「ロス・オブ・コンタクト」という反則を取られます。すなわち、どちらかの足が地面に着いているか否かが、「走る」と「歩く」の境界線になるわけです。

「連続ジャンプ」と聞いて、子どもの頃から慣れ親しんだ遊びで、すぐに思い浮かぶものがないでしょうか？

そう、誰もが一度は遊んだことのある「なわとび」です。体育の授業で一生懸命、二重跳びに挑戦した記憶がある人も多いでしょう。なわとびは両足ジャンプの繰り返しになりますが、両足で上手に跳べなければ、さらに難易度が上がる片足ジャンプを繰り返すことは不可能です。小学生でもプロのアスリートでも、なわとびから指導していくことが多くあります。

ストライドは自らの力で広げるものではない

着地の最大のポイントは、「地面に対してどれだけ大きな力を加えられるか」。この一点にかかっています。といっても、力を加えて終わりではなく、生み出した力を次の一歩、また次の一歩と、連続した動きに変換していかなければいけません。これが、走りの難しいところであり、面白いところでもあるのです。

「スピード＝ピッチ×ストライド」という方程式を考えたとき、人間の意識として、どうしてもストライドを広げようと考えがちです。なぜなら、歩幅を広げることで、ゴールまで早く近づくことができると思ってしまうからです。

野球のプレーで考えてみると、こんな場面が想定できます。

打者が内野ゴロを打ったあと、何とかセーフになりたいと一塁まで一生懸命に走る。一塁ベースを目標に、ストライドを少しでも広げて、できるかぎり早くベースに到達しようとする。これが、典型的なストライド重視の走り方です。一塁ベースを踏むために、最後の一歩を跳ぶようにして合わせるシーンも見かけます。

大股で走ろうとすると、ピッチは遅くなりやすいものです。試しにいつもの歩幅よりも、一足分広げて走ってみてください。ピッチを速くしようとしても、現実的に難しいことがわかるのではないでしょうか。

ストライドの鉄則は、「歩幅は自ら広げようとしない。正しい着地姿勢が取れれば、自然と広がっていく」です。

この動きの感覚がわかってくれれば、今以上に足が速くなるのは間違いありません。体感を得るには、１にも２にも「正しい着地姿勢」を知ること。これまで、数多くのプロ野球選手、サッカー選手を指導してきましたが、指導を始める前から、理にかなった着地姿勢を取れている選手はほぼいませんでした。陸上選手との違いは、ここにあると言ってもいいでしょう。だから、野球選手やサッカー選手を見るたびに、「まだまだ足は速くなる」と感じるのです。

着地は「その場足踏みの連続」

着地姿勢をもっともわかりやすく表現すれば、「その場足踏みの連続」と言い換えることができます。

真っすぐ立った姿勢から、太ももを上げて、上体の真下にそのまま踏み下ろす（写真❺）。いわば、その場で行進をしているようなものです。走りにおいても、身体が前方に加速していく中で、ただこの動きを繰り返しているだけなのです。スタート直後の前傾姿勢であっても考え方はまったく同じで、傾いた上体の角度に対して身体の真下に足を着地させていきます。

「当たり前のことでは？」と思うかもしれませんが、じつはそうではありません。

ストライドを広げようとする選手の多くは、上体の真下ではなく、身体の前方向（＝進行方向側）に足を着地したがるのです。この傾向は子どもたちでも、プロのアスリートでも同じです。ヒザから下を前方に振り出して、陸上用語を使えば「リーチアウト」

の状態で一歩一歩踏み込んでいるのです。

改めて考えてほしいのは、「着地の最大のポイント＝地面に対してどれだけ大きな力を加えられるか」ということです。指導する選手たちには、こんなたとえ話をすることがあります。

「350ミリリットルの空き缶を踏み潰そうとしたときに、上体の真下に置くか、あるいは身体の前方に置くか、どちらのほうが力は入りますか？」

着地は、太ももを上げて上体の真下にそのまま踏み下ろす「その場足踏みの連続」

実際にやってみればわかりますが、上げた足の真下に空き缶を置いたほうが、グッと強く踏み込むことができます。身体から離れれば離れるほど、踏み込む力は弱くなっていくものです。

さらに考えてほしいのが、足を上げたときの高さにあります。空き缶を強く踏もうと思うのなら、低い位置より高い位置に足を上げたほうがいいのは子どもたちでも理解できることでしょう。

ただし、注意点がひとつ。単純に高く上げればいいわけではありません。腰の高さよりもヒザを上げようとすれば、身体が後傾し、先に紹介した串刺しの姿勢が崩れやすい。じつは、100メートル走のトップ選手を見ても、腰の高さよりヒザを上げている選手は誰もいません。

かつて、スプリントトレーニングの定番メニューとして「もも上げ」が流行ったことがありましたが、大事なことはももを上げることではなく、ももを下ろすこと。言うなれば、「もも上げ」ではなく、「もも下げ」。ももを真下に素早く下ろすことができるか。これが、力が入りやすい着地姿勢につながっていくのです。

正しい着地姿勢を取るために、ドリルのひとつとして採用しているのがマーカー走です。ストライドが広がらないように、あえて窮屈な状態を作り出し、着地の位置を改善していく。プロのアスリートにも好評のドリル（179ページ参照）なので、ぜひ参考にしてみてください。

かかとを浮かせて着地する

着地姿勢には、もうひとつ重要なポイントが存在します。

それは、足の裏のどこで着地するか――。

短距離用スパイクのピンがどこに配置されているか、見たことがあるでしょうか。学校に陸上部の友達がいれば、一度見せてもらってみてください。野球のスパイクとの大きな違いは、足裏の前側（つま先側）にしかピンが付いていないことにあります。かかと側には、ピンはひとつも配置されていません。これは、「短距離走では、かかとを着いて走ることはない」ということを表していて、すなわち、速く走るためにはつま先側での着地が大事になってきます。

足を素早く動かそうと思ったときに、人間は本能的にかかとを浮かそうとするものです。たとえば、ラダートレーニング。マス目に小刻みに足を運ぶときに、足裏全体をベタッと地面に着けることはないでしょう。かかとまで接地すると、速く動くことは絶対にできません。さきほどから例に挙げている、なわとびも同じです。リズムよく連続ジャンプをするときに、かかとまで着けることはないはずです。日常生活でたとえるのなら、電車に乗り遅れそうになって、駅の階段を駆け上がるときがイメージしやすいでしょうか。できるだけつま先側で接地して、足を速く動かそうとする。誰かに教わったわけではなくても、これが速く走る方法であることを人間は知っているのです。

ただし、「つま先着地」を過剰に意識すると、着地の際に力が入りにくくなるので注意が必要です。地面と足裏の接点がわずかしかなく、地面に十分な力を加えることができない。私はかつて、「つま先で着地しましょう」と教えていたことがありますが、現在は「かかとを少し浮かせて着地しましょう」という表現に変えています。かかとが微妙に浮いていれば十分。必然的に、横から見たときに、脛が進行方向に少しだけ傾く角度になります（写真❻）。トップスプリンターであっても、足裏全体で接地する「フラット着地」を採用している選手がいます。200メートルの日本記録を持つ末續慎吾さんは、フラット着地の代表選手です。ただし、足の裏のどこにもっとも強い圧力がかかっているかというと、足裏全体にまんべんなくではなく、つま先側です。その証拠に、脛がしっかりと倒れています。コーチングする側に立ってみると、着地したときの脛の角度に着目してみるといいでしょう。

ひとつ、面白いデータがあります。100メートル走で、日本人初の9秒台を記録した桐生選手がトップスピードに乗ったときの足の接地時間を調べると、わずかに0・08秒。ほんの一瞬しか、地面に接地していないことがわかっています（『コーチング・クリニック』2018年8月号、土江寛裕氏による「瞬発力のバイオメカニク

かかとを少し浮かせて着地するのが基本

スと陸上男子短距離の日本人の可能性」より）。この接地の短さが、ピッチの速さを生み出しているのです。

　これとは逆に、かかとから着地すると、短い時間での接地が不可能になります。かかとからつま先までベタッと着くことによって、どうしても無駄な時間が生まれてしまいます（**写真❼**）。だからこそ、足裏のどこで接地するかが非常に大事になってくるのです。歩くときのように、かかとから接地することはスピードアップにつながっていかないことを覚えておいてください。

　私からの提案ですが、野球選手も一度、短距離用のスパイクを試してみてはどうでしょうか。かかとを浮かせて着地する感覚

かかとから着地すると、短い時間での接地が難しくなる

が、きっと体感できるはずです。野球の場合は切り返しや踏ん張る動作が必要なため、かかと側にもスパイクの刃が付いていますが、刃がある分、どうしてもかかとを使いやすい。それが、走りの感覚を狂わせることにもつながりかねないのです。

私も仕事の関係で革靴を履くことがありますが、ランニングシューズよりもかかとが分厚いため、かかとからべったり歩く感覚になりやすい。何とも気持ち悪い感じがするものです。当たり前ですが、歩くときも走るときも、地面に接地するのは足の裏しかありません。それだけに、どんな形状の靴（スパイク）を履くかによって、フォームも変わっていくのです。

地面を蹴る意識は必要ない

着地時に、地面に対して一瞬で大きな力を加える――。

この動きを実現しようとして、自らの力で地面を蹴ろうとする選手がいますが、これは大きな間違いです。蹴ったからといって、強い力を加えることはできません。桐生選手の一例のとおり、足裏と地面が接地している時間は0・08秒。このわずかな時間で、地面を蹴ることなどできないのです。

逆に考えると、蹴る意識を持っている選手は、地面との接地時間が長くなりやすい。長くなるということは、次の一歩を踏み出すためにも時間を要することになり、必然的にピッチが遅くなっていく。すべて、つながっているのです。

1998年に発表された論文『100m中間疾走局面における疾走動作と速度との関係』(伊藤章ら)』の中に、「足関節底屈(足首のスナップ)速度と疾走速度との関係』というグラフが掲載されています。端的に言うと、「男子も女子も足首が底屈し

底屈

背屈

て、地面を蹴っている人ほど足が遅い」というデータが出ているのです。

「底屈」とはつま先が地面に向かっていく動きで（写真❽）、この逆が「背屈」になります（写真❾）。自宅でスリッパを履いていることをイメージしてみてください。歩くときに、つま先を下に向ける（底屈）とスリッパは落ち、つま先を下げずに足首を90度の角度に保っておけば（背屈）、脱げ落ちることはありません。速く走るために必要なのは、背屈のほうです。

「地面を蹴る＝底屈」と表現することができます。底屈すればするほど、着地したあとの足が身体の後ろにまで回ることになり（写真❿）、次の着地までにどうしても時間がかかります。必然的に、ピッチの速度も落ちていきます。雨の日の練習で、ユニホームの背中に泥が付いている選手は、地面を蹴っていると判断していいでしょう。「自分のことかな?!」と思った選手は、ぜひ走り方の改善に取り組んでください。

短距離が速い選手ほど、足首を背屈した状態で走っています（写真⓫）。別の言い方をすれば、「空中姿勢でも着地姿勢でも、足首の角度はほぼ変わっていない」ということになります。これが、速く走るための鉄則とも言えるのです。

とはいっても、背屈を意識しすぎると、ぎこちないフォームになってしまう選手もい

底屈すればするほど、着地したあとの足が身体の後ろにまで回ることになる

短距離が速い選手ほど、足首を背屈した状態で走っている

ます。背屈させるには前脛骨筋の強化が必須です。127ページにトレーニング方法を掲載しているので、チェックしてみてください。

アキレス腱の反射を最大限に活用する

なぜ、短い接地時間であるにもかかわらず、一瞬で地面に強い力を加えることができるのでしょうか。

その秘密はアキレス腱にあります。体育の準備体操で、アキレス腱をグーッと伸ばした経験は誰にでもあると思いますが、じつは人体の中でもっとも大きな腱であり、アキレス腱を最大限活用できるかによって、走りのスピードが変わってくるのです。

その場でつま先立ちをしてみてください。ふくらはぎが盛り上がり、筋肉が硬くなるのがわかるでしょうか。このふくらはぎの筋肉に引っ張られて、アキレス腱は伸び縮みします。筋肉は伸びたら縮む「伸縮運動」の性質を持っていて、筋肉に付着している腱も同様に伸縮します。この腱の反射が強く速いジャンプを生み出し、結果的にストライドの広さにつながっていくのです。

「正しい着地姿勢が取れれば、ストライドは自然と広がっていく」と説明したのは、ここにつながる話になります。逆に言えば、腱の反射なくして、ストライドを伸ばすことはできないのです。

これが、自らストライドを広げようとして、ヒザから下を身体の前方に振り出してしまうと、どうしてもかかとから接地することになります。こうなると、アキレス腱の反射を使いにくい状態になり、ストライドも伸びていきません。

なわとびを思い浮かべてみてください。前跳びが得意な子どもは、500回でも1000回でも連続して跳び続けることができます。連続ジャンプが可能になるのは、アキレス腱の反射を使えているからです。着地のときにかかとをベタッと着けてしまえば、腱の反射を使うことが難しくなり、連続で跳びづらくなるでしょう。

わかりやすい例を挙げれば、垂直跳びを連続で繰り返しているようなものです。なわとびと垂直跳びでは、同じジャンプであっても、着地の仕方や身体の使い方が違います。

筋肉と腱のどちらが疲労しやすいかというと、間違いなく筋肉のほうです。

2015年に、ケニア人と日本人の長距離ランナーを対象に、「筋肉と腱の稼働率」

を調べた論文『ケニア人の陸上中・長距離選手の骨格・筋腱の形態と神経・筋腱の機能特性』（佐野加奈絵）』が発表されました。それによると、ケニア人のランナーのほうが、腱の稼働率が高かったことがわかっています。当然、腱だけでは走れないので、筋肉の力も使っているのですが、「腱の反射をうまく使い、筋肉だけに頼っていない」と言うことができます。

かかとを少し浮かせて着地することを、マラソン界では「フォアフット着地」と呼んでいます。短距離では当たり前の考えですが、近年では長距離でも主流の走り方になっていて、世界のトップ選手の多くはフォアフット着地を取り入れています。日本で言えば、大迫傑選手もこの走り方です。一方で市民ランナーのほとんどは、かかとから着く「リアフット着地」で走っているのが現状です。

かかとを浮かせたほうが足への疲労が高くなりそうですが、じつはまったく逆で、「フォアフット着地」のほうが腱を使える分、効率のいい走りができるのです。着地時に身体が受ける反発を調べると、フォアフット着地の衝撃は体重の1・6倍で、リアフット着地は体重の2・2倍。フォアフット着地のほうが、身体への衝撃は少ないと言うことができます。2013年発売の『42・195㎞の科学』（NHKスペシャル取材班

／角川書店）に詳しく書かれていますので、興味のある方はご覧になってみてください。

２０１９年に42・１９５キロをほぼ真っすぐの直線で走る『1時間59分チャレンジ』という国際陸連非公認のレースがオーストリアで開かれ、エリウド・キプチョゲ選手（ケニア）が1時間59分40秒2をマークしました。コースのおよそ90パーセントが直線で高低差がなく、さらに複数のペースメーカーが先導する、〝記録を作るためのレース〟でしたが、人類が初めて2時間を切る快挙を成し遂げました。もちろん、キプチョゲ選手の走りは「フォアフット着地」でした。

１００メートル走に換算すると、この記録のすごさがわかってくると思います。計算してみると、平均17秒。こう考えると、今のマラソンはスタミナだけではなく、短距離走のようなスピードがなければ勝てません。効率よくストライドを獲得していくためにも、アキレス腱の反射を使うことが重要ポイントとなるのです。

１００メートル走は加速し続けるわけではない

１００メートル走に話を戻します。

テレビを見ていると、スタートからゴールまで加速し続けていると思う人が多いかもしれませんが、じつはそうではありません。どれほどのトップ選手でも、ある一定のところで加速が終わり、そこから減速しているのです。

表❶は１００メートル走のスピード曲線を示したもので、横軸が距離で縦軸がスピードになります。ボルト選手（２０１７年、ベルリンの世界陸上で世界新記録の9秒58を記録したレース）と桐生選手（２０１７年、日本学生対抗陸上で日本人として初の9秒台＝9秒98を記録したレース）を比較すると、最高速度に乗る距離が違うのがわ

［表❶］**100メートルの速度の変化**

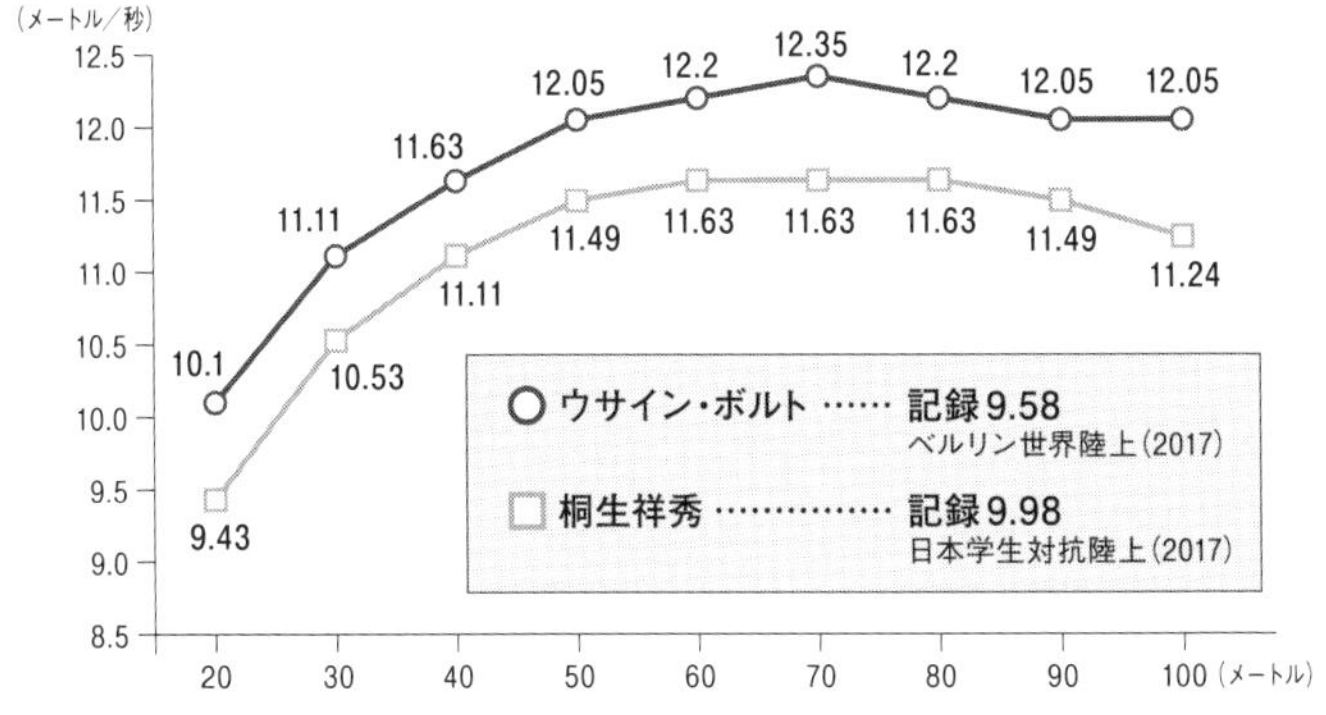

小林ら（2017）、Krzysztof & Mero（2013）、松尾ら（2010）を元に作図

かるでしょうか。ボルト選手は70メートル地点で最高速度を迎える一方で、桐生選手はもう少し手前の60メートル付近で最高速度に到達。ボルト選手のすごさは、最高速度に到達する距離がゴールに近く、そこからの減速幅を抑えているところにあります。

世界のトップ選手でも、100メートルは減速します。減速の幅を抑えることが大事だと知って、走りに対する私の考え方が変わりました。タイムを出すカギは、スピードを上げることよりも、トップスピードに乗ったあとの走り方にあります。着地姿勢や腕振りのタイミング（63ページ）を練習で意識し、試合では無意識にできるように落とし込みました。その結果が、37歳で迎えたアジアマスターズでの10秒97にもつながったと思っています。

日本スプリント学会が編集した『スプリント学ハンドブック』（西村書店）の中に、桐生選手のコーチを務める土江寛裕さんによる「陸上競技におけるスプリント能力　ピッチ・ストライド長と疾走スピードの関係」という記事が紹介されています。注目してほしいのは、次の2点です。

① ゆっくり走っているときはピッチが遅い。スピードが上がると、ピッチも速くなっ

ていく。

②　ストライドは、スピードが上がっていくにつれて歩幅が伸びていくが、ある程度のところで頭打ちか縮んでいく。

つまり、速く走るためには、スピードアップと同時にピッチの向上が大事だということです。ストライドも当然伸びていきますが、ある程度のところで最大歩幅に達し、歩幅が短くなることもあります。ここから導き出せるのは、中盤以降の失速を抑えるカギは、足の回転数を上げていくということになります。ピッチが遅くなれば、失速幅も大きくなっていくのです。

ピッチを上げていくには、繰り返しになりますが、正しい着地姿勢を作ることです。やはり、着地姿勢に行きつくことになります。

体力・筋力があったうえでの技術

こうした話を、子どもたちにもプロのアスリートにも理論立てて説明しています。ただし、実現するためには、ある程度のフィジカルが必要になるのもまた事実です。特に、まだ身体ができあがっていない子どもたちの場合は、ベースとなる体力や筋力が不足していて、走り＝片足ジャンプの連続となれば、身体にはかなりの負担がかかるのは容易に想像がつくでしょう。

着地の際、片足にかかる負荷は自分の体重の3〜4倍とも言われていて、トップ選手のスピードとなれば、それ以上の負荷がかかっていると考えるのが自然です。この重さを片足で支え切れない選手は、どうしてもかかとが潰れてしまう。「かかとを浮かせて着地する」と、頭ではわかっていても、それを実践するための筋力がまだ伴っていないのです。年齢や身体の発育から考えて、仕方がないところもあるでしょう。

図❶にあるようなピラミッドをイメージしてみてください。ピラミッドを3層にわけたときに、最下層には「体力・筋力」、中間層には「技術」、そして一番上には「戦術」が乗ってきます。これまで私が説明してきたことは、走り方＝技術に関わる話になります。

プロのアスリートでも、最下層にある「体力・筋力」が足りていない事例が多く見られます。その理由は、シーズンオフにどれだけ身体を鍛えようとも、シーズンが始まるとコンディショニングが優先されていくからです。

プロ野球で言えば、週6日試合があり、その間には遠征も入ってきます。試合後にウエイトトレーニングを入れたとしても、シーズンオフのときのような負荷をかける

［図❶］走りの土台になるのは体力

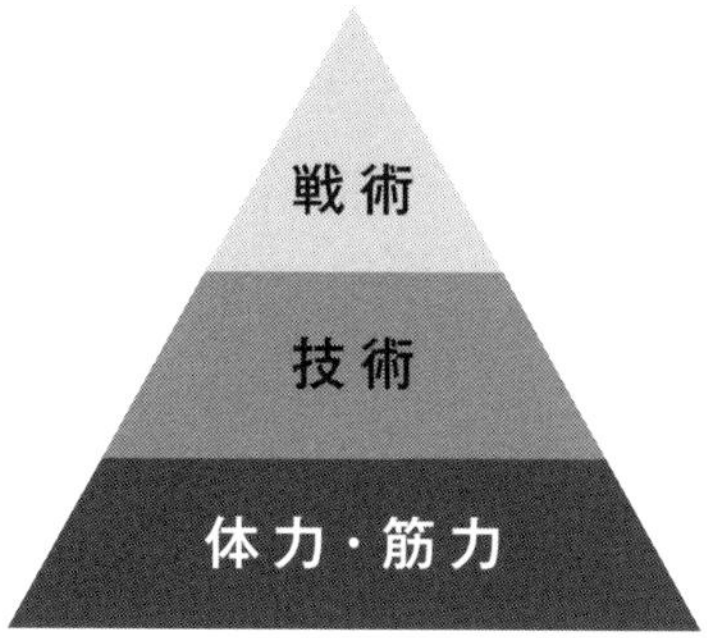

『競技スポーツ別ウエイトトレーニングマニュアル』（有賀誠司著／体育とスポーツ出版社）

のは難しいでしょう。それでも、体力・筋力を維持しておかなければ、技術は上がってきません。このあたりのバランスが非常に重要になってくるのです。

「はじめに」でも少し紹介しましたが、私は25歳からの3年間、タイムがまったく伸びない経験をしています。当時は技術に原因があると考え、試行錯誤を繰り返したのですが、技術に寄りすぎるあまりに体力・筋力が落ちてしまいました。ピラミッドの底辺が小さくなることで、ピラミッドそのものが細く脆いものになったのです。そこからウエイトトレーニングや走り込みなど、泥臭い練習にも力を入れ、28歳のときには年間を通してもっとも良いパフォーマンスで走ることができました。体力・筋力が付いてくれば、今までできなかった走りができるようになるのです。

その後、現役を引退して、2016年からはマスターズ陸上に出場。2018年にヒザの半月板を切ってしまいましたが、それを機にリハビリと身体作りにイチから取り組み始め、現役時代にはほとんどやらなかったバーベルを担いでのスクワットやデッドリフトに力を入れました。その結果、着地姿勢で自分の体重を支えている感覚を得られて、走りが変わってきたことを実感できたのです。

この考えは当然、子どもたちにもあてはまります。技術だけを磨こうと思っても、土台ができていないと、走力はなかなか伸びていきません。片足でのケンケンや、飛行機のポーズでのバランス強化（１４０ページ参照）など基本的な動きを、時間をかけて丁寧に取り組んでみてください。土台をしっかりと作ることが、必ずや走力の向上につながっていきます。

空中では身を任せることが大事

「着地姿勢」とともに重要なのが「空中姿勢」になります。

言うまでもなく、走りにおいて着地姿勢のあとには必ず空中姿勢があり、着地↓空中↓着地↓空中が何度も繰り返されます。空中での姿勢が悪ければストライドは伸びず、さらに次の一歩で地面に強い力を加えられなくなっていきます。

空中でのポイントはただひとつ、「身を任せる」に尽きます。

「え？」と感じた人もいるかもしれませんが、自らの力で何かをやろうとする必要はまったくありません。空中に浮いているときに、腕を速く振ろう、身体を前に進ませようと思う必要はない、ということです。

走りにおいて重要なのは、適切なタイミングで力を加えることです。何度も言っていますが、力を加える局面は着地の一瞬しかないのです。着地姿勢がオンの状態であれば、空中姿勢はオフ。オフがあるからこそ、着地の瞬間に、地面に力を加えることができるのです。空中で何かをやろうとして、オンのスイッチを入れると、着地のときに力を入れる体勢が取れなくなってしまいます。

これもまた、なわとびを例に出すと、理解がしやすいと思います。空中に飛んでいるとき、自分の意思で何かをやろうとしているでしょうか。重力に身を任せて、身体が落下してくるのを待つことしかできないはずです。空中では余計なことはしない。これを覚えておいてください。

決して空中に浮いているわけではありませんが……、バッティングでも似たようなことが言えるのではないでしょうか。力を入れるべきは、バットでボールを捉えるインパクトの瞬間であり、構えた段階でガチガチに力んでいたら、スムーズにバットを振れないように思います。リラックスしたオフの状態があるからこそ、オンを作ることができるのです。どんな競技であっても、オフの作り方がうまい選手は、高いパフォーマンスを発揮できると感じています。

私はここに、筋肉の柔軟性も関わってくると考えています。「オフ＝筋肉を緩ませた状態」であり、今の子どもたちを見ていると筋肉が硬く、空中に浮いているときにもずっと力を入れてしまっています。着地のときも空中にいるときも、フルパワーの１００パーセントで走り切ろうとしている。オフを作るには、筋肉の柔軟性が必要不可欠となります。

ただ、これも勘違いしてほしくないのは、柔らかければいいかというと、決してそうではありません。柔軟性に加えて、身体を固める筋力が求められます。着地時に片足で全体重を支えるときに、柔らかさだけではかかとが潰れてしまいます。固める動きを作るためにも、さきほど紹介した体力・筋力の土台が必要になってくるのです。

スタートのポイントは「一歩目を欲張らない」

短距離走ならではの技術に、「スタート」があります。距離が短ければ短いほど、スタートからの加速がタイムをわけるのです。短い歩数で、どのようにして初速を高め、スピードに乗っていくか。出遅れてしまえば、挽回できるチャンスはほぼないと考えていいでしょう。

第4章で、盗塁のスタートについても解説しますが、野球選手は土や人工芝の上で走るため、かかとが潰れやすい環境での勝負になります。私は反発力の高い陸上トラックに慣れているので、土や人工芝で走ると、着地時にうまく力を伝えられない感覚に陥ることがあります。この環境の中で、いかに理想の着地姿勢を実現するか。まずは、陸上のスタート技術を知ることが、その第一歩になっていくと考えています。

スタートのカギを握るのは、一歩目の着地位置です。スターティングブロックに両足を乗せた状態から、後ろ足が前足を追い越していく、この一歩目をどこに着くか。傾いた上体に対して、真下に着くことがポイントで、感覚的には斜め後ろに着くようなイメージです。私が選手によく言っているのは、「一歩目、二歩目は欲張らないほうがいい。自分が思っているよりも、手前に着地する気持ちを持ってください」ということです。歩幅を広げようとする必要はありません。

そして、ここでもかかとが潰れないことが重要になります。かかとを地面に着けてしまえば、アキレス腱の反射を使えなくなるのは、すでに説明したとおりです。一歩目でかかとをベタッと着くと、加速するまでに時間がかかるのは明らかです。

スタートの姿勢も大きなポイントになります。低い姿勢から飛び出していくので、必ず前傾姿勢になりますが、真っすぐの姿勢のまま斜めに倒れていくのが「正しい前傾」であり（写真⑫）、一方でお辞儀をするように上体だけ曲げるのが「悪い前傾」です（写真⑬）。盗塁のときに、悪い前傾で走っている選手を多く目にします。

なぜ悪いかというと、上体だけが曲がっている姿勢では地面に力を加えられないからです。目の前に重たいものがあるとして、

真っすぐの姿勢のまま斜めに倒れていくのが「正しい前傾」

お辞儀をするように上体だけ曲げるのは「悪い前傾」

目の前にある重たいものを押すイメージが、
スタート直後の正しい体勢

それを自分の力で押すことを想像してみてください。どのような体勢を取るでしょうか。おそらくは本能的に、後ろ足から頭までが真っすぐに並んだ体勢を作ると思います（**写真⓮**）。選手には「重たいものを押すときの体勢をイメージしてみてください」という伝え方をしています。

股関節とヒザ関節を伸展させる

スタートに関して、『世界と日本の一流短距離選手のスタートダッシュ動作に関するバイオメカニクス分析』（貴嶋孝太ら、２００８）という論文が発表されています。２００７年に大阪で開催された世界陸上で、男子１００メートルに出走したタイソン・ゲイ選手（アメリカ）、アサファ・パウエル選手（ジャマイカ）、朝原宣治選手、塚原直貴選手の４名を対象に、ストライド、ピッチ、歩隔（両足の横幅）、一歩ごとの股関節やヒザ関節の角度などを細かく調べた論文になります。

「まとめ」として書かれているポイントが、次の６点です。

①スタート後の速度の増加とともにストライドが増加する

スピードに乗れば、ストライドも伸びる。当然のことである。

②スタート後、ピッチは三歩目まで増加し、その後は一定の値を示す

一歩目、二歩目、三歩目とピッチが徐々に増し、それ以降のピッチの速度は変わらない。

③スタート後の速度増加とともに歩隔は減少する

「歩隔」とは右足と左足の距離を示す。現役時代の私はまったく意識していなかったが、この論文によると、速度の向上とともに歩隔は狭くなっていく。

④スタートダッシュでは、股関節とヒザ関節を伸展して加速力を発揮する

着地足に注目すると、股関節とヒザ関節をグッと伸ばすことで、地面に力を加えて、加速につなげている。特に一歩目から六歩目あたりまでに、この動きが見られる。

⑤中間疾走ではヒザ関節を伸展せず、股関節を伸展して加速力を発揮する

スピードがある程度乗ったところでは、股関節は伸展するが、ヒザ関節は伸展しない。ヒザ関節が伸び切る前に、地面から離れた足は前に移動してくる。中間疾走でヒザ関節が伸び切ると、次の着地までに時間を有することになり、必然的にピッチが遅くなる。

⑥足関節の伸展角度変異と角速度は、スタートから中間疾走まで変化しない

足首の底屈と背屈につながる話で、「足関節の伸展角度変異」とは、地面を蹴る動作を表していて、「変化しない＝蹴る動きがない」という意味。足首が伸び切ることは、速く走ることに対して不必要な動きになる。

陸上に関する論文は世に多数出ているので、興味のある方はインターネット等で調べてみてください。自分の走りの感覚と研究の結果が一致しているか、あるいはまったく違う結果なのか。どちらにしても、新たな知見や発想を得られることが多くあります。

腕振りと着地のタイミングを合わせる

最後は腕振りについて。

「腕を振るときに、ヒジが伸びてはいけない」など、さまざまな考え方がありますが、私は腕振りの役目をシンプルに捉えています。着地姿勢のときに紹介した「地面に大きい力を加える」を、どれだけサポートできるかということです。ヒジが伸びていたとしても、この役目を果たせているのなら問題はありません。ヒジを曲げて振っていたとしても、地面に力を加えられていなければ、改善の余地はあると考えたほうがいいでしょう。

では、力を加えるにはどんな技術が必要になるのでしょうか。

子どもたちにもプロのアスリートにも、わかりやすい例として説明するのが体重計（デジタル式ではなく、針で示すアナログ式）です。自分自身が体重計に乗っている姿を、イメージしてみてください。体重計の上で、両腕を後ろから前、あるいは前から後ろに振り下ろした場合、ヒジがどの位置に達したときに、針がもっとも大きく振れるでしょうか。実際にやってみるとすぐにわかりますが、ヒジの位置が骨盤と並んだときに針は大きく振れます（写真⑮）。自分の体重以上に、真下に力が加わっている証と言えます。

この動きを、走っているときにも再現できれば、着地時に大きな力を加えることができるわけです。ポイントは、足が着地する瞬間に、ヒジが骨盤のラインに並んでいるかどうかです（写真⑯）。このタイミングがずれると、着地姿勢で力を加えられなくなってしまいます。映像で自分の走りを見返すときには、この視点でチェックを入れてみると

ヒジの位置が骨盤と並んだときに、真下に大きな力が加わる

足が着地する瞬間に、ヒジが骨盤のラインに並んでいるかどうかが重要

いいでしょう。

腕振りに関して、筑波大学・木越清信先生の論文『短距離走における腕振り動作の反動効果が疾走速度に及ぼす影響』に、ヒントになることが書かれています。小学5、6年生を被験者にして50メートルを走ったときに、腕振りが疾走速度にどう影響しているかというもので、印象的なのが次の一文です。

「腕振り動作が疾走速度に影響を及ぼす理由として、腕振り動作が下肢の動作に影響を及ぼすことによって地面反力が変化し、これによりストライドやピッチが変化し、結果として疾走速度が変化するものと考えられる」

キーワードは「地面反力の変化」です。高い地面反力を得られれば、アキレス腱の反射をより使えるようになり、ストライドもピッチも伸びていきます。すなわち、スピードを高めていくためには、正しい腕の振りが必要になる、と考えることができます。

ここからは、私の推論になりますが、腕を振り下ろすタイミングと着地のタイミングが合うことによって、高い地面反力を得られるのではないかということです。タイミングがずれてしまえば、腕振りの力を走りに生かすことができなくなります。

タイミングを合わせるためには、まず自分の腕振りのタイプを知っておきましょう。

腕振りを分解して考えてみると、「前から後ろ」と「後ろから前」の動きが連続で行われていて、どちらかやりやすいほうでリズムを取っているものです。現役時代の私は、「前から後ろ」を意識して腕を振っていました。周りには「後ろから前」という選手もいましたが、私の中にその感覚はまったくありませんでした。

それが、スプリントコーチになってから、改めて自分の走りを分析してみると、「腕振りのタイミングが合っていなかったのではないか」と感じるようになってきました。具体的に言うと、腕が身体の後ろにまでいく幅が大きく、骨盤のラインに戻ってくる前に着地を迎えてしまっている。微妙なズレですが、ここを修正すればもっと速く走れる可能性があると思えたのです。

そこで、マスターズの１００メートルに挑戦するにあたって、腕の振り方を思い切って変えてみました。あえて、今までの自分の感覚にはない「後ろから前」を取り入れたのです。感覚的には、あまり腕を振らないイメージで、着地のタイミングだけを合わせていく感じです。すると、タイミングが合うようになり、着地時に力が入る実感を得られるようになったのです。

なかなかタイミングが合わない選手は、今までと逆のことにチャレンジしてみるのもおすすめです。どちらを選ぶにしても、大事なことは腕の振りと着地のタイミングを合わせることです。それを実践したうえで、〝大きく速く〟振れるようになるのが理想となります。腕の振りがゆっくりでは、ピッチも上がっていきません。ただし、大きく振ろうとして、真っすぐの姿勢がぶれてしまえば意味がないので、串刺しが折れない姿勢を常にイメージしておきましょう。

子どもたちの腕振りは「小さい前ならえ」

腕振りの「ヒジが伸びる問題」に関しては、年齢が上がっていけばいくほど、さほど気にすることではないと思っています。後ろに伸び切っていたとしても、引き戻す力があるために、腕振りと着地のタイミングを合わせることができるからです。

これが、まだまだ身体に力がない小学生や中学生になると、考え方は変わってきます。腕を引き戻すまでに時間がかかり、足は着地しているのに、ヒジはまだ骨盤のラインに戻ってきていないことが起こりえます。これでは、地面に大きな力を加えることができません。

それゆえに、子どもの場合はヒジを曲げて、腕を振ったほうがいいでしょう。アドバイスするときは、「〝大きい前ならえ〟ではなくて、〝小さい前ならえ〟で腕を振ってみよう」と声をかけています。つまりは、ヒジを90度に曲げた状態のまま、腕を振るということです（写真⓱）。一期一会の走り方教室でも、このアドバイスひとつで腕振りが変わる子が多くいます。

子どもはまだ力がないので、ヒジを90度に曲げた状態のまま腕を振ったほうがいい

あとは、「肩振り」にならないようにも注意しましょう。肩を振ってしまうと、どうしても上体が左右にぶれることになり、串刺しの姿勢が崩れていきます（写真⑱）。繰り返しになりますが、ポイントはヘソの向きを動かさないことです（写真⑲）。

もうひとつ、ＮＧの腕振りとしては、肩甲骨を寄せた状態での腕振りがあります。肩甲骨を寄せようとすると胸が張られて、姿勢が良くなったように見えるのですが、これでは大きく速い腕振りはできません。また、寄せることによってどうしても横に回旋しながら走る動きが強くなり、前方向へのエネルギーがロスしてしまいます。肩甲骨を寄せる意識は持たないほうがいいでしょう。

また、子どもたちからプロのアスリートまで、「腕振りのとき、手の形はパーがいいのかグーがいいのか」という質問を何度も受けてきました。さまざまな論文を読んでいますが、手の形と疾走速度の相関を表す、明確な文献は発表されていません。ちなみに、ボルト選手はグーで、桐生選手はパーで走っています。

私もどちらでもいいと思いますが、注意事項を挙げるのであれば、手の平に力を入れすぎないことが大事になります。手に力が入りすぎると、スムーズに腕を振れなくなってしまいます。グーでどうしても力んでしまう選手は、パーを試してみるのもひとつの

ポイントはヘソの向きを動かさずに腕を振ること

肩を振ってしまうと、どうしても上体が左右にぶれることになる

選択肢になるでしょう。長年に渡ってサポートしている宇賀神選手（浦和レッズ）は、グーからパーに変えたことによって、上半身の力みが消え、腕をスムーズに振れるようになった経緯があります。

第2章

プロ野球選手に見られる走り方の特徴

「くの字」では地面に力を加えられない

速く走るための理論を頭に入れていただいたうえで、第2章では野球選手に多く見られる走り方の特徴について解説していきます。いい意味での特徴ではなく、〝改善点〟という意味での特徴が、大きくわけて2つ。野球選手に限らず、サッカー選手にもあてはまることだと感じています。

①**前に身体を傾けて走る**

②**地面を強く蹴って走る**

2016年の秋季キャンプで阪神タイガースの指導を始めたとき、最初に30メートルダッシュを撮影させてもらいました。まだ、フォームについても理論についても何も教えていない段階です。指導する前段階で、プロ野球選手がどういう走りをするか見ておきたかったのですが、そこで気付いたのがこの２つの特徴でした。その後、毎年、鳴尾浜での新人合同自主トレを見ていても、この印象は変わっていません。これは高校球児にもあてはまることです。

第1章でも少し触れてはいますが、走りに及ぼす影響を改めて説明していきたいと思います。

まずは①の前傾姿勢について。ここで言う「前傾」とは、横から見たときに頭から足先が一本の棒になっているのではなく、上半身だけを傾けている「くの字」の姿勢です。前傾には、「正しい前傾」と「悪い前傾」があり、野球選手は後者であることが多いと言えます。

何度も述べていますが、速く走るカギを握るのが着地姿勢です。片足が地面に着地したときに、短い時間でどれだけ大きな力を地面に加えられるか。これが速いピッチ、広いストライドの獲得につながっていきます。

では、「くの字」の姿勢から強く地面を踏むことができるでしょうか。実際にやってみると実感できると思いますが、真っすぐの姿勢と比べると、足を上げにくいことがわかるはずです。自ら倒した上半身が邪魔をして、足を上げるスペースが小さくなってしまうのです（写真❶）。必然的に、速く強く足を踏み下ろすことができなくなります。

こうなると、ほかの動きでこのマイナス点をカバーしようとしがちです。着地時にヒザから下を前に振り出して、ストライドを稼いで速く走ろうとする。身体の真下ではなく、身体から遠いところに足を振り出す（写真❷）。野球選手もサッカー選手も、この走り方が非常に多く見られます。これではかかとから着地せざるをえず、アキレス腱の反射を使えなくなることは、すでに解説したとおりです。

それでも、プロ野球選手が速く走れるのは、圧倒的なフィジカルを持っているからです。理想の着地から外れていたとしても、強靭な下半身で強さを出すことができます。強いフィジカルがあるゆえに、この走りができてしまうのです。

「それなら、今の走り方でいいのでは？」と思う人もいそうですが、決してそうではありません。一番の問題は、身体に強い負荷がかかってしまうことです。1か月、半年、1年……、走れば走るほど疲労が蓄積してしまい、たとえば25歳まで走れたとしても、年齢を重ねるにつれて徐々に苦しくなる可能性があります。肉体が元気なうちはいいですが、その状態がずっと続くわけではないのです。

だから、若いうちから理にかなった効率的な走りを学び、身につけてほしいと強く思

「くの字」だと自ら倒した上半身が邪魔をして、足を上げるスペースが小さくなる

身体の真下ではなく、身体から遠いところに足を振り出すのはNG

います。それは何も、スピードを武器にする俊足選手に限った話ではありません。ダッシュで足を痛めれば、ピッチングにもバッティングにも守備にも影響が出るのは明らかなことです。何をするにおいても、走ることは運動のベースであり、走れる身体があってこそ専門的な技術を伸ばすことができるわけです。

肉離れのリスクが高い走り方

「くの字の姿勢」で、「身体から遠い場所」に、「かかとから着地」する。

この3点セットが揃うと、どうしてもハムストリングスの肉離れのリスクが高まる傾向にあります。以前、阪神タイガースの新人合同自主トレで、30メートル走の計測の1本目に肉離れを起こした選手がいました。また、阪神のトレーナーさんからは「PP走（外野のポールとポールの間を走る）で太ももの裏を痛める選手が多い」という話も耳にしていました。どちらにも共通していたのは走り方の問題であり、そこを直していかなければ、復帰したとしてもまた痛める可能性があるのです。

では、どのようなメカニズムで、肉離れが起きるのでしょうか。自分の現役時代、さらにスプリントコーチになってからの経験を踏まえると、着地する場所に大きな原因があると考えられます。

２０１８年に発表された論文『疾走中における肉離れについて』（国立スポーツ科学センター・奥脇透）に、興味深い内容が記載されています。この論文によると、肉離れの動作要因として挙げられているのが、次の４つです。

①上体の前方傾斜角度（＊過度な前傾姿勢）
②大腿の振り上げ角度（＊太ももを高く上げすぎる）
③下腿の振り出し（振り戻し）角度（＊ヒザから下を振り出す）
④左右の足の間隔（＊着地足ともう一方の足の距離が開く）

すべての要因が絡み合っているとは思いますが、私が数多く目にしてきたのが③です。ヒザから下を遠くに振り出すことによって、着地のあとに身体の近くに振り戻そうとする動きが必ず入ります。このとき、太ももの前側にある大腿四頭筋は縮もうとする一方で、裏側のハムストリングスが必要以上に伸びすぎて、筋肉が断裂してしまうのです。

これは、この論文にも書かれています。

さらに、かかとから接地するリスクについても記載があり、私が現場で感じていたことと論文の内容がリンクしていると感じました。

私自身も、現役時代にハムストリングスの肉離れを経験しました。当時は「ケガしてしまった……最悪だな」ぐらいにしか思っていませんでした。なぜ、肉離れが起きてしまったのか？　何が原因だったのか？　そこまで突き詰めて考えていなかったのです。

でも、今はその理由がわかります。今でも、走っている最中にハムストリングスに違和感が出始めたときには、すぐに自分の走りを撮影してフォームを確認します。すると案の定、ヒザから下の振り出しが目立ちます。そこで痛める理由がわかり、修正しようとします。この「知る」ことが大切であると考えます。

とはいえ、選手からすると、今まで慣れ親しんだ走り方を変えるのは簡単なことではありません。しかも、シーズンが始まれば、目の前のプレーに集中するわけで、走り方を考えている余裕はなくなってきます。

統計を取っているわけではないですが、野球の試合において肉離れの事例としてよく見るのが、一塁を駆け抜けるときです。特にアウトかセーフかギリギリの打球のとき、歩幅をできるだけ広げて、一塁ベースに早く到達しようとする選手が多いように感じます。当然、身体から遠いところに着地することになり、ハムストリングスへの負担が強まることになるわけです。

走りを改善するには、シーズンオフにどれだけ走りと向き合えるかが大事になってきます。そして、シーズンに入っても、日々のアップから正しい走り方を意識することです。それが結果的に、選手寿命を延ばすことにつながっていくと思います。

今の事例を子どもたちに置き換えてみると、身体の遠くに着地しても引っ張り込む力がまだ弱い分、筋肉に大きな負荷はかかりにくいと推測できます。逆の視点で見れば、筋力が弱い年代だからこそ、正しい姿勢、正しい着地を身につける絶好のチャンスとも言えるのです。

ストライドが広い野球選手

野球選手のストライドの広さを証明する、面白いデータがあります。

2017年の大みそかに、TBS系列で放送された『KYOKUGEN』の中で「プロ野球の代走が陸上選手だったら？」という企画がありました。

陸上選手を代表して登場したのが、その年の世界陸上の4×100メートルリレーで銅メダルを獲得した藤光謙司選手。対するは、千葉ロッテマリーンズの二木康太投手と田村龍弘捕手。リードあり、けん制あり、スライディングなし（さすがにケガが危ない）のルールの中、盗塁を決めることができるのか。あるいは、ロッテのバッテリーが盗塁を阻止したのか。どちらに軍配が上がったか想像してみてください。

結果は、藤光選手が見事に盗塁を成功させました。番組では1本しか放送されなかったのですが、あとで裏話を聞くと、5本走ってすべてセーフだったそうです。

と、ここで話が終わってしまうと、「陸上選手はやっぱり速いね」となるだけなので、もう少し深く掘り下げてみましょう。

野球の塁間は27・431メートル。ここからリード幅、スライディングの距離を省くと、純粋な走行距離は21・5メートル。当然、選手によって多少の差はありますが、21・5メートルと決めたうえで、盗塁のスペシャリストと陸上短距離のトップ選手を比較し、タイム・歩数・ピッチ・ストライドを算出してみたのが、**表❶**になります（＊藤光選手は、テレビ番組での盗塁をもとに計測）。

ここで注目してほしいのは、歩数とストライドです。

陸上選手は歩数が多く（ピッチが速く）、野球選手はストライドが広い、という特徴が出ているのがわかるでしょうか。スライディングを考えずに走っていることを考慮したとしても、明らかな

［表❶］

		記録	歩数	ピッチ	ストライド
藤光謙司	＝	2.89	14	4.84	1.92m
荻野貴司	＝	3.18	11	3.78	2.13m
西川遥輝	＝	3.27	12	4.01	1.95m
周東佑京	＝	3.08	12	3.89	1.83m

違いが生まれています。

おそらく、陸上選手は「歩幅を広げよう」という感覚をほとんど持っていないと推測できます。適切な着地姿勢を取れれば、ストライドは自然に伸びていくからです。一方、野球選手はストライドを伸ばすことで、できるだけゴール（ベース）に近づこうとする意識が見えます。たしかに一歩一歩の幅は長く取れていますが、それだけハムストリングスへの負荷は高くなります。私はこの走りを「努力度の高い走り」と呼んでいて、肉離れのリスクがどうしても高くなってきてしまうのです。

足が後ろに流れる野球選手

続いては、②の「地面を強く蹴って走る」について。

陸上界では、「足が後ろに流れる」という表現をよく使うのですが、地面を蹴ろうとするとこの現象が起きやすくなります（**写真❸**）。野球選手の中には、かかとがお尻に着きそうな選手もいるほどです。ソフトバンクの周東選手も蹴るタイプの走り方に見えますが、それでもあれだけのスピードを持っているわけで、蹴る意識が少なくなれば、もっとタイムは上がっていくのではないでしょうか。

蹴る意識が、走りに及ぼす影響を説明すると、こういう流れになります。

「着地↓地面を蹴る↓着地足が身体の後ろに回る↓そこからヒザを前に出して、次の着地に向かう↓ピッチが遅くなる」

速く走るためには、着地した足に対して、遊脚（＝後ろに回った足）がどれだけ近づいているかがポイントになります。たとえば、ボルト選手のような世界トップクラスになると、右足が着地したときに、遊脚である左足がほとんど追い越している瞬間が

地面を蹴ろうとすると、どうしても足が後ろに流れてしまう

あり、着地したあとの足が、後ろに流れすぎることがほぼありません。それゆえに、次の一歩に向かいやすく、必然的にピッチが速くなっていくのです。

言い換えれば、「蹴る意識を持っている限り、ピッチを高めることは難しい」ということになります。さきほどの盗塁の表で、野球選手のストライドが広い一方でピッチが遅いのは、このあたりも関係しているのではないでしょうか。

そして、蹴る＝足首の底屈につながるため、速い選手の走りとは真逆の動きをしていることになります。疾走時と着地時では、足首の角度をなるべく変えないことがポイントとなります。足首を背屈させることによって、着地時に地面からの反力をもらいやすくなるのです。

両足ジャンプで前進する姿を見ると（１０３ページ参照）、その選手がどのような意識で足首を使っているかがよくわかります。蹴る意識があると、着地したあとに足の裏が進行方向とは逆側に向き、力が抜けたようなジャンプになってしまうのです。正しいジャンプを覚えていくことが、走りの改善につながっていきます。

では、「陸上選手が地面を蹴っていないのか？」と聞かれると、「結果的には蹴っている」というのが答えになります。自らの力で蹴ろうとしているのか、正しい着地姿勢によって、無意識に蹴られているのかの違いです。よく、「いいバッターはバットを振れている」という表現を聞きます。力いっぱいバットを振ったときに、ホームランになるのは結果論で、バッターの感覚は「タイミングを合わせる」「力発揮は一瞬」など、それぞれの意識が伴っているのではないでしょうか。走ることも同様です。少しハイレベルな話に聞こえるかもしれませんが、この感覚が非常に大事になってくるのです。

ＰＰ走で肉離れをしないために

阪神タイガースのキャンプを見るようになってから感じるのは、「野球選手が走る量は、想像以上」ということです。しかも、１本１本のタイム設定が厳しく、後半になればなるほどフォームが崩れていく。その中で必死になってタイムを切ろうとすると、どういう現象が起きるか、想像がつくでしょうか。

ほとんどの選手が、ストライドを伸ばして、少しでもゴールに近づこうとする。必然的にヒザから下を、身体から遠くに振り出す動きになり、肉離れのリスクが高まってしまうのです。おそらく、高校野球でも同じことが行われているのではないでしょうか。

野球選手の中に、走り込みが好きな人はほとんどいないと思います。それは、「走ること＝苦しいこと、辛いこと」と、身体の中に刷り込まれているからだと推測できます。この令和の時代になっても、「罰走」という言葉を耳にすることがあり、走りのプロとしては、「走ることが罰」と聞くと、残念に思ってしまいます。

走り込みそのものは否定しませんが、正しいフォームで走れてこそ、意味が出てくると考えています。着地の一瞬で力を加える感覚は、力の出し方を磨く練習でもあり、バッティングにもピッチングにも生きてくるはずです。タイガースの選手を見ていると、ランニングの走り方が良くなっていくと、そこから続くウォーミングアップの動きも変わっていきます。走ることが、あらゆる運動の土台になっていることを実感します。

「PP走」が多いピッチャー陣には、「タイム設定は気にしなくていいので、フォームを大事にしていきましょう」と声をかけるようにしています。私が並走して、腰のあたりを押しながら走ると、それだけでフォームが良くなり、真っすぐの姿勢をより意識しやすくなるのです。

ただ、私もシーズン通してずっとチームに帯同しているわけではないので、最終的には選手個人で高い意識を持った取り組みが必要になってきます。周りのスタッフに走りの映像を撮ってもらい、自分で振り返ることも大事になってくるはずです。

以前、阪神タイガースのトレーナーさんから、「太ももの裏が痛いと言っているのですが……」と、ベテラン選手に関する相談を受けたことがあります。「ジョギングでもいいので、走りの映像を撮影してもらえますか？」と言って動画を送ってもらったところ、軽いジョグにもかかわらず、身体の遠くに足を着地する走りをしていました。スピードに乗ってくれれば、もっと前に着地をして、足にさらなる負荷がかかるのは間違いありません。痛くなるということは、そこに至るまでに必ず何かしらの原因があります。疲労の蓄積もあるでしょうが、その原因の多くは根本的な走り方にあるのです。フォームを見直さずに走る量だけ増えていけば、身体が悲鳴を上げてしまうのは当然のことと言えます。

もし、私が走りのメニューを組むのであれば、1本1本に集中できるように距離を短くすると思います。ピッチャーであれば60メートルの距離を8～10本。1本ずつ、1分30秒ぐらいのレストを取り、タイムは設定しません。これでフォームを意識できるようになったら、100～120メートルの距離に伸ばしていきます。

最初の数メートルのところに、ミニマーカーやミニハードルを置くなどして、着地姿勢を意識するのもおすすめです。何もないところを走るよりも、何か目印があったほうが、フォームに向き合いながら走ることができると思います。

また、冬場のトレーニングで、砂浜を走る場合もあるかもしれませんが、速く走ろうとすればするほど、蹴る意識が出やすくなります。どうしても、足首を底屈してしまうのです。底屈の悪いクセがついてしまう恐れもあるので、砂浜で走るときこそ地面を蹴らずに走る着地姿勢を意識してみてください。

第3章

走り方を改善するための
ドリルとトレーニング

「何のためにやるのか？」を明確に

ここまで、第1章で速く走るための理論や考え方、第2章で野球選手に見られる特徴を解説してきましたが、頭の中でのイメージは膨らんできているでしょうか。もしかしたら、「早くグラウンドに出て、新しい走りを試してみたい！」と思っている人もいるかもしれません。

この第3章では、理想の走りを実現するための練習ドリルやトレーニングを紹介していきます。読者のみなさんの年齢がどれぐらいかはわかりませんが、高校1年生だとしても、物心がついてから10年近く、自分の身体に染みついた走り方があるわけです。20歳の大学生となれば、さらに長くなります。良いクセもあれば、悪いクセもついているわけで、今までと同じようにダッシュを繰り返しているだけでは、走り方を改善することは難しくなります。

私にはドリルを指導する際に、大切にしていることがあります。それは、小学生にもプロ野球選手に対しても同じように、「狙い」と「やり方」を明確に伝えることです。「何のためにやるのか？」が曖昧な状態では、練習の効果が上がってきません。これでは、せっかくの練習時間が意味の薄いものになってしまいます。

プレーヤー自身の感覚と実際の動きのズレを埋めていくために、動画の撮影も必ず行うようにしています。誰でも跳べるなわとびでも、必ず撮影します。たとえば、自分の感覚では「地面を蹴っていない」と思っていても、映像を見返すと足首が底屈している場合があるわけです。映像で客観視できたほうが、納得感を持って動きの改善に取り組めるのではないでしょうか。スマホやｉｐａｄが一台あれば、簡単に撮影できる時代になったので、みなさんも文明の利器を大いに活かしてください。

前半では技術向上につながるドリル、後半では体力・筋力を高めるためのトレーニング、そして走りにつながるストレッチメニューをお届けします。

アキレス腱の反射を生かしたジャンプ

正しいジャンプが速い走りにつながる

「走り＝片足ジャンプの連続」と説明したとおり、正しいジャンプを覚えなければ、ピッチを速くすることも、ストライドを広げることもできません。まずは、その場での両足ジャンプで着地姿勢を身につけてから、徐々に難易度を上げて、マーカーを活用した前方向への両足ジャンプに発展させていきます。

1 その場両足ジャンプ

［**やり方**］

その場で、なわとびを跳ぶイメージで両足ジャンプ。

［**狙い**］

速く走るための着地姿勢を覚える。着地の際にかかとが潰れず（かかとを少し浮かせる）に、短い接地時間でジャンプを繰り返していく。これが、走りにおける着地姿勢につながっていく。

［**ポイント解説**］

一回一回、かかとを地面に着けると、アキレス腱の反射を使えなくなってしまいます。自分自身の身体が〝硬い棒〟になったイメージで、着地で弾む意識を持つと、動きが変わっていきやすくなります。地面を蹴ろうとせずに、空中から落ちてくる自分の体重をしっかりと支えましょう。

ヒザの角度も重要で、ヒザが伸び切った姿勢で着地すると、連続でリズムよく跳べなくなります（**写真❶**）。ポイントは、跳ぶ段階からヒザを少しだけ曲げ、着地のときにもヒザの角度をできるだけ変えないことです。ヒザを曲げすぎても、落下した力をすべて吸収する形になり、地面からの反力を得にくくなります（写真❷）。地面に力を加えやすいヒザの角度を、自分自身の身体で見つけてみてください。

ヒザが伸び切った姿勢で着地すると、連続でリズムよく跳べなくなる

ヒザを曲げすぎても、地面からの反力を得にくくなる

2 なわとび前跳び（一回旋・一跳躍／一回旋・二跳躍）

［やり方］

一回旋・一跳躍で、リズムよく速く跳ぶのが基本メニュー。これに慣れてきたら、一回旋・二跳躍（縄を一度回す間に、二度跳ぶ）で、より短い着地時間で地面に力を加える。二重跳びでももちろんオッケー。

［狙い］

狭いスペースでできるなわとびで、アキレス腱の反射を生む着地姿勢を覚える。

［ポイント解説］

「ポーン、ポーン」と高く跳ぶのではなく、できるだけ低く速いジャンプで前跳びを繰り返します。リズムを速くすることで、かかとが潰れたり、ヒザが曲がりすぎたりする時間を、意識的にカットできます。

以前、中学生の子どもを持つお父さんから「うちの子はなわとびを毎日やっているんですけど、なかなか足が速くならないんです」と相談を受けたことがありました。なわとびの映像を見せてもらうと、跳ぶペースがゆっくりで、着地のたびにかかとが潰れていました。これでは、アキレス腱の反射を効果的に使えず、走りにもつながっていきません（**写真❶**）。チェックポイントをしっかりと押さえたうえで、なわとびに取り組んでみましょう。

跳ぶペースがゆっくりだとアキレス腱の反射を効果的に使えず、走りにもつながっていかない

3

肩押しドリブル

［**やり方**］
二人一組でのジャンプドリル。写真のように、パートナーがジャンプする選手の肩を押さえて、バスケットボールをドリブルするように地面方向に力を加える。

［**狙い**］
地面方向に力が加わるため、着地でかかとがつぶれやすい状態になる。その状態でも、かかとを少し浮かせた姿勢で着地し、力が逃げないようにする。

［**ポイント解説**］
うまく着地できれば、自分の力以上に身体を弾ませる感覚がつかめるはずです。意識してほしいのは、「落ちてきたものを支える」感覚です。地面を蹴ったり、ヒザを曲げたりして、自ら跳ぼうとする必要はありません（**写真❶**）。正しく着地することで、自然に弾む感覚を磨いてください。

地面を蹴ったり、ヒザを曲げたりして、自ら跳ぼうとする必要はない

4 マーカー前進ジャンプ

［やり方］

8個のマーカーを2足幅に並べ、両足ジャンプで前方向にリズミカルに跳ぶ。

［狙い］

1～3のドリルで養った「その場ジャンプ」の感覚を、今度は前方向のジャンプにつなげていく。正しく実践するには、見た目以上に難易度の高いドリルとなる。なわとび同様に、着地の時間は短く。その中で瞬間的に力を発揮する。

［ポイント解説］

プロのアスリートでも見られることですが、前に進もうとすると、頭を前後に揺らしたり、上半身をあおったり、地面を蹴ったり、姿勢が崩れる選手が多くいます（写真❶）（写真❷）。「頭から足まで串差しの姿勢」は、ジャンプのときから崩さないようにしましょう。〝真っすぐの姿勢〟が基本になります。

また、かかとから着地していては、前方向への推進力を生み出すことができません。かかとを少し浮かせて、着地時にお尻が下がったり、ヒザが曲がりすぎたり、かかとが

頭を前後に揺らしたり、上半身をあおったり、地面を蹴ったりして姿勢が崩れるのはNG

地面に着いてしまったり、各関節の角度が変わらないように行うことがポイントになります。

私の現役時代の話になりますが、自己記録が出ずに苦しんでいたときに、この両足ジャンプを積極的に取り入れました。地面に置いたのはマーカーではなく、ミニハードルでした。あえて高さを出すことで、着地時により負荷がかかるようにする狙いがありました。高いところから落下するので、ヒザや足首で体重を支えなければ、かかとが潰れてしまいます。補強トレーニングも兼ねて、着地姿勢を徹底的に見つめ直した結果、再び記録が出るようになった経験をしています。

マスターズに挑戦するときも、両足ジャンプに力を入れ、より意識するようになったのが着地と腕振りのタイミングです。後ろから前に腕を振る中で、ヒジと骨盤が並んだときに着地を迎えることができているかが重要です。走るときだけではなく、両足ジャンプのときからタイミングを考えておくことで、実際の走りにつなげやすい実感がありました。読者のみなさんも、ジャンプが正しく跳べるようになったら、腕振りのタイミングまで意識を持って取り組んでみましょう。

5 ケンケン

［やり方］

小学生向けの遊びを兼ねたトレーニングで、片足ケンケンを10歩。着地足が地面に着いている時間をできる限り短くして、リズムよく跳んでいく。ケンケンでの鬼ごっこなど、遊びの要素を加えていくのもおすすめ。

［狙い］

着地で、かかとが潰れないための土台作り。片足になることで、より負荷がかかる。ただし、やりすぎると足首やヒザへの負担が大きくなるので、片足ずつ10歩で十分。

［ポイント解説］

ケンケンで、かかとを浮かせて着地するのは難しいので、かかとを着いてしまっても構いません。その中でも、お尻の筋肉をしっかりと使って、着地で姿勢がぶれないように意識することが大切です。空中時と着地時で、ヒザの角度、足首の角度が極力変わらないように、自分の身体を支えましょう（**写真❶**）。

空中時と着地時で、ヒザの角度、足首の角度が変わってしまうのはNG

正しい着地の体得

足元に目印を置くのが効果的

ストライドが広くなりがちな野球選手やサッカー選手に対し、正しい着地を体得して足の回転数を上げるためのドリルを紹介します。ポイントは、マーカーやミニハードルなど、何か目印になるものを地面に置くことです。足を下ろすべき場所に目印を置くと、ヒザから下の振り出しを防ぎ、身体の真下に着地できるようになっていきます。

選手の立場からすると、「ストライドを広くしないように！」と言葉で指示を受けても、「速く走りたい（ゴールに着きたい）」と思えば、本能的に歩幅は広くなるものでしょう。長年染みついた動きを変えることは、そんなに簡単なものではありません。これまでの指導の経験上、足元に目印を置くことが動きの改善にもっともつながりやすいと感じています。

対談に登場してもらった阪神タイガースの近本選手も、マーカー走で着地の改善を図ったひとりです。どうしても、身体から遠いところに着地するクセがあったため、上げた足を真下に落とすというドリルを繰り返した結果、ピッチが速くなり、近本選手自身も手ごたえを得る走りに成長していきました。

1 ミニハードル

［やり方］

3足幅にミニハードルを10個ほど並べ、かかとが潰れない着地姿勢を意識しながら、走り抜ける。まだ身長の低い小学生であれば2足幅で構わない。身長に応じて、ミニハードルの間隔を変えていく。

［狙い］

正しい着地姿勢を身につけ、足の回転を上げる。ヒザから先を振り出す選手が、いつも通りのストライドで走ろうとすると、ミニハードルにぶつかることになる。上げた足を、真下にそのまま下ろす。この感覚を身体に染み込ませていく。

［ポイント解説］

マーカーを置いても構いませんが、高さがあるミニハードルのほうが、「上から踏み下ろす」と

太ももを高く上げようとすると、真っすぐの姿勢が崩れやすくなる

いう感覚を体得しやすいと思います。イメージは350ミリリットルや500ミリリットルの空き缶を、上から踏み潰す感じです。ただし、コーチングで「太ももを高く上げなさい」と私から言うことはありません。第1章で述べたとおり、高く上げようとすると真っすぐの姿勢が崩れやすくなるからです（写真❶）。言葉で指導するのではなく、ミニハードルを越えようとすることで、自然に太ももが上がってくるのが理想と言えます。

ラダートレーニングの注意点

神経系を高め、足の回転を上げるために、ラダートレーニングを使う指導を目にしますが、個人的にはフォームに注意を向けることが大切であると考えます。なぜなら、ラダーの場合は足の動きに意識が向きやすく、腕の動きが止まってしまう選手が多いからです。腕をしっかりと振らずに、足先だけを素早く動かそうとする。これでは、実際の走りにつながらず、ラダーの足さばきだけが上達してしまう。走りで大事なことは、足も腕も「小さく速く」ではなく、「大きく速く」動かすことにあります。

もちろん、ラダーを全否定しているわけではなく、やり方に注意してほしいということです。第一に、腕を大きく使うこと。そして、ラダーのあとに短い距離のダッシュを入れて、走りにつなげることを心掛けてみてください。

選手によっては、最初からミニハードル走をやると、足がうまく動かない場合もあります。そんなときはラダーをファーストステップと捉えて、次のように段階を上げていくやり方もおすすめです。

①ラダーで足を速く動かす。可能な範囲で、腕も大きく振る。

②ミニハードルを寝かせて（マーカーでも可）、３足幅に並べる。すり足気味に走り抜ける。

③ミニハードルを立てて、２足幅に並べる（前記❶のドリル）。空き缶を上から踏み潰すイメージで走り抜ける。

目安となる高さを変えるだけで、ドリルの狙いも変わってきます。どんな動きに焦点を当てたいのか。そこを考えていくことも指導者の役割になります。

2 ハードルまたぎ

［やり方］

ハードル（太ももあたりの高さに設定）をつなげて並べて、横向きの姿勢でまたぐ。スピードを上げる必要はなく、チェックポイントを確認しながら丁寧に行う。

［狙い］

ヒザ下から振り出す「リーチアウト」を防ぎ、上体の真下に着地する走りを身につける。大殿筋を中心としたお尻周辺の筋肉を鍛えるのにも効果的。

［ポイント解説］

身体の横にあるハードルをまたぐだけの練習ですが、突き詰めていくとさまざまなポイントがあります。まず、またぐ側の足のつま先が下がっている（底屈の状態）と、ハードルにガチャンと当たってしまうので、つま先を上げて（背屈の状態）、足の裏が真下に向いた状態で下ろすことが大事になります。

また、一本足で立ったときには着地足のかかとをやや浮かせて、1秒ほど静止した姿勢を作ってください。このとき、大殿筋やお腹周りに力が加わり、足を上げるために必要な筋肉に刺激が入ります。ウォーミングアップに取り入れると、その後の走りで足を上げやすくなるはずです。いきなりスピードトレーニングをすると身体への負担が大きいので、アップを兼ねたハードルまたぎを入れてみるのもいいでしょう。動画で詳しく解説していますので、ぜひチェックしてみてください。

腕振り改善ドリル

腕振りはタイミングがすべて

第1章で解説したとおり、腕振りのカギはタイミングにあります。着地の瞬間に、ヒジが骨盤の横に並んでいるかどうか。このタイミングを一致させることによって、下方向に強い力を加えることができるのです。

前後に連続して腕が振られている中で、「前から後ろ」が合う選手もいれば、「後ろから前」がフィットする選手もいます。大事なのは、どちらの方法が自分に合っているのか、それを見つけることです。はじめは片手だけで腕を振って、タイミングを合わせてみましょう。

1 片手腕振り

［**やり方**］

右手で腕を振り、左手は腰に当てた状態で走る。

［**狙い**］

ゆっくりとしたスピードの中で、腕振りのタイミングを磨く。スピードに乗った状態では、これまでのクセを改善するのは難しいため、あえて出力を落とす。

［**ポイント解説**］

「後ろから前」でタイミングを合わせたい選手は、右手の腕振りと右足の着地、「前から後ろ」の選手は、右手と左足の着地を合わせます。はじめは、ジョギングぐらいのスピードでタイミングを合わせ、腕と胴体が並んだときに着地するイメージを持ってみましょう。片手腕振りでタイミングが合ってきたら、両手を大きく振る中でタイミングを合わせてみてください。

腕振りに関して、為末さんが興味深い話をされていたことがあります。

「日本人は農耕民族で、畑を耕すときに鍬を振り下ろす。だから、前から後ろのほうが合っているんじゃないか」

身体の使い方をとことんまで研究している、為末さんらしい考えだと思ったことがあります。

もちろん、どちらが良い、悪いという話ではありません。すでにお話ししたとおり、現役時代の私は「前から後ろ」でしたが、マスターズに挑戦し始めてから「後ろから前」に変えた経緯があります。両方の腕振りを試してみて、自分なりの感覚をつかんでみてください。

もうひとつ補足すると、この練習はスピードを抑えたペースでやることに意味があります。野球やサッカーの練習を見ていると、ジョギングか全力ダッシュが多く、その中間のスピードで走ることが少ない。バッティング練習で考えると、素振りから始まって、トスバッティング（ペッパー）、ティーバッティング、フリーバッティング、実戦（試合）と、段階が上がっていくように、スピードを調整した中での練習が大事です。特にフォームの改善を図るときには、ゆっくりとしたスピードから徐々に上げていくのがポイントと言えます。

2 マーカー走

［やり方］

3足幅に並べたマーカーをリズミカルに走る中で、腕振りのタイミングを合わせる。ここでは片腕ではなく、両腕を大きく振って着地に力を加えていく。

［狙い］

マーカーを使うことで、身体の真下に着地しやすい状況を作り出す。この走りの中で、腕振りを合わせていく。

［ポイント解説］

内川聖一選手の自主トレの際に、取り組んだメニューのひとつです。ある程度スピードを上げていく中でも、腕振りがずれないことがポイントになります。

みなさんの頭の中には、「内川選手＝一流打者」のイメージがあると思いますが、走りのセンスも天才的に優れています。「走りの感度が高い」と表現すればいいでしょうか。さまざまなトップアスリートを指導する中でも、トップランクと言って間違いありません。そのセンスとは、「もう少しこうやってみましょう」というアドバイスに対して、すぐに身体で表現できることです。実際の動作と、自分の感覚をすり合わせる能力に長けている。バッティングであれだけの実績を残しているのも、この感度の高さと関係しているのではないでしょうか。

足首の背屈につながる前脛骨筋強化

足首の背屈を担う重要な筋肉

ここからは、ピラミッドの底辺にある体力・筋力を高めるためのトレーニングに入ります。スキルだけを磨いていても、土台がしっかりとしていなければ、走力の向上にはつながっていきません。スキルアップと並行して、フィジカル強化にも時間を注いでください。

まず、野球選手に特におすすめしたいのが前脛骨筋の強化です。前の脛（すね）の言葉のとおり、脛に位置する筋肉で、主に足首関節の背屈動作を担っています。

さきほどから何度も、「着地時に地面を蹴らない」「空中時と着地時で、足首の角度を変えない」と書いていますが、この動作に関わってくるのが前脛骨筋です。「地面を蹴らないようにしよう」と頭で思っていても、前脛骨筋が弱いと、どうしても足首が底屈しやすくなります。足首が底屈すると、それだけ足裏と地面との接地時間が長くなり、必然的にピッチの速度が落ちてしまいます。

陸上界では、「足首が硬い選手ほど足が速い」と言われることが多く、「支持期（着地時）において疾走速度の高い選手ほど、足関節の角度変異が小さい」（伊藤、１９９８）という研究結果も発表されています。これは何も「足首の可動域が狭い」という意味ではなく、着地時に足首を固められるか、ということです。言い換えれば、足首を背屈させられるかどうか。前脛骨筋が発達している選手ほど、この背屈動作を作りやすくなるわけです。

さまざまなアスリートを見てきていますが、前脛骨筋がもっとも強いのが陸上選手です。背屈の重要度を理解しているだけあって、前脛骨筋をしっかりと鍛えています。一方で、意外に弱いのが野球選手やサッカー選手です。特に野球選手は、フィジカルそのものは強いにもかかわらず、前脛骨筋となると「あれ？」というぐらいに弱さがあります。考えを変えると、前脛骨筋を重点的に鍛えていけば、まだまだ足が速くなる可能性は十分にあると言うことができるのです。

1

底屈→背屈（負荷なし／負荷あり）

［**やり方**］

長座の姿勢で、足首を底屈させた状態を作る。ここからゆっくりと、足首を背屈させていく。ヒザは曲げていても、伸ばしていてもどちらでも構わない。慣れてきたら、パートナーにつま先を持ってもらい、同じ動きを行う。底屈から背屈まで、5秒ぐらいかけてゆっくりと動かす。パートナーは、つま先の動きとは逆方向に負荷をかけておく。

［**狙い**］

前脛骨筋の強化を狙ったトレーニング。パートナーの力加減によって、負荷を調整することが可能。プロのアスリートでも、ゆっくりと10回やるだけで、声を上げるぐらいきついメニューになる。10回3セットが目安。

［**ポイント解説**］

底屈と背屈の姿勢をしっかりと作ることで、トレーニング効果が上がります。これ以上はつま先が下がらないところから、つま先を脛方向に持ち上げてみましょう。効果を体感するために、前脛骨筋を強化したあとには、軽くでもいいのでダッシュを入れてみてください。きっと、これまでとは違う着地の感覚を得られるはずです。

阪神タイガースのキャンプで前脛骨筋の話をした翌日、それまで地面を蹴って走っていた鳥谷敬選手（現・千葉ロッテマリーンズ）の動きが明らかに変わっていたことがありました。着地姿勢が改善されていたのです。その理由を聞くと、「昨日教わった前脛骨筋のトレーニングを、４セットやりました」と言葉が返ってきて、驚かされました。チューブをつま先に巻いて、ホテルでも実践したそうです。何歳になっても、「自分にとって意味がある」と感じたことには、貪欲に前向きに取り組む。さすがは一流のプロ野球選手です。

足を上げる役割を担う大腰筋強化

大腰筋の肥大と疾走速度の関係性

前脛骨筋とともに、走力アップに大きく関わるのが大腰筋です。背骨から股関節にかけて斜めに伸びている筋肉で、足を上げたり、下ろしたり、姿勢を維持したりする役割を担っています。黒色人種は、われわれ日本人を含む黄色人種に比べて、大腰筋が3倍太くて長いという研究結果（参考論文『Anatomical differences in the psoas muscles in young black and white men』）があり、だからこそ世界屈指のスプリンターが生まれている、という考えもあるほどです。

一時期、大腰筋のトレーニングが「アンチエイジング」の対策として、お年寄りに流行ったことがありました。お年寄りの腰が曲がるのは、大腰筋が弱っていくからではないか。大腰筋を鍛えれば、真っすぐの姿勢が維持され、足を上げられるようにもなる。

こうした考えが元になっていましたが、たしかに一理あるように思います。

大腰筋と疾走速度に関しては、世界中で数え切れないほどの論文が発表されています。「スプリンターの大腰筋横断面積と疾走速度には統計的に優位な正の相関関係が認められた」（『スプリンターの大腰筋横断面積と疾走速度の関係』（榎本好孝ら、１９９７）、「疾走速度の低下に、股関節屈曲筋力の持久性が影響していることを、４００ｍ走による研究から報告している。このことからも、大腰筋がスプリントパフォーマンスに大きく影響していることは十分に考えられる」（『下肢の筋持久性と４００ｍの走中の疾走速度逓減との関係』尾縣貢ら、１９９８）。

端的に表現すれば、「大腰筋が大きくて太いほうが、速く走れる」ということです。

私も大学院時代に、大腰筋に関する論文を書いているので、実感としてわかります。大学の陸上競技部に所属している学生12名に対して、大腰筋を強化できると考えられるトレーニング（Ａ＝足上げ腹筋運動、Ｂ＝補助者を用いての引き付け運動、Ｃ＝シットアップベンチを利用した腹筋運動）を週に3回、合計8週間実施したところ、50メートル走は平均6・75秒から6・55秒に、立ち五段跳びは平均13・52メートルから13・86メートルに向上したのです。ほかにもっと細かい測定をしましたが、軒並み数字がアップしていました。すなわち、「速く走るためには大腰筋の強化が欠かせない」と言うことができるのです。

これは私の推論ですが、おそらくは球が速いピッチャーも大腰筋が発達しているのではないでしょうか。足を上げるところからピッチングフォームが始まり、軸足を使って体重移動を行い、踏み込んだ足で身体を支える。軸足でプレートを蹴るような動作も見受けられます。ピッチャー自身が、「大腰筋を使って投げている」という意識はないのでしょうが、大腰筋の働きが、大きなエネルギーを生み出しているように感じます。

大腰筋に特化したトレーニングはいくつもありますが、ここではレベル1から3まで、個々の段階に応じたメニューをご紹介します。できるところまでで構わないので、ぜひ取り組んでみてください。

レベル
1

足上げ・足下ろし

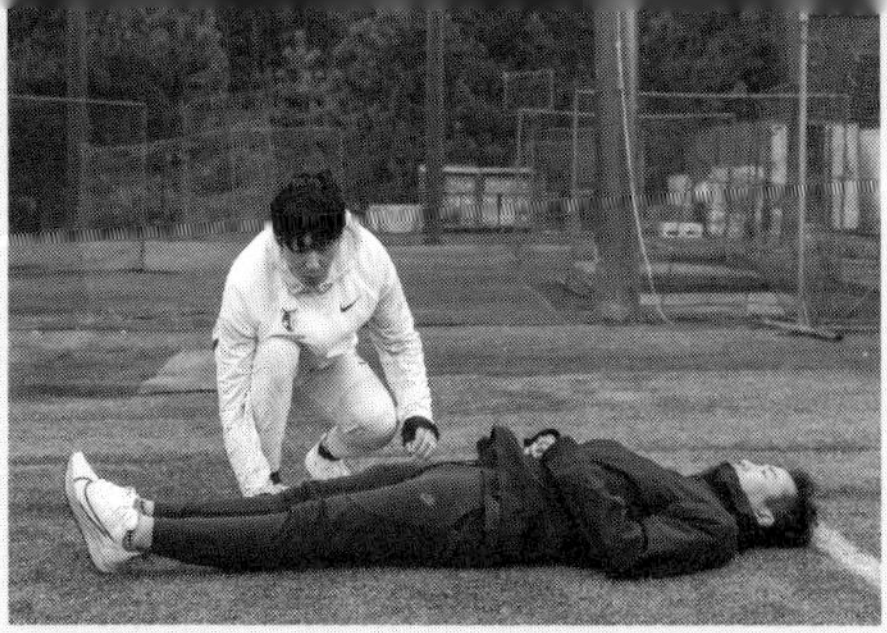

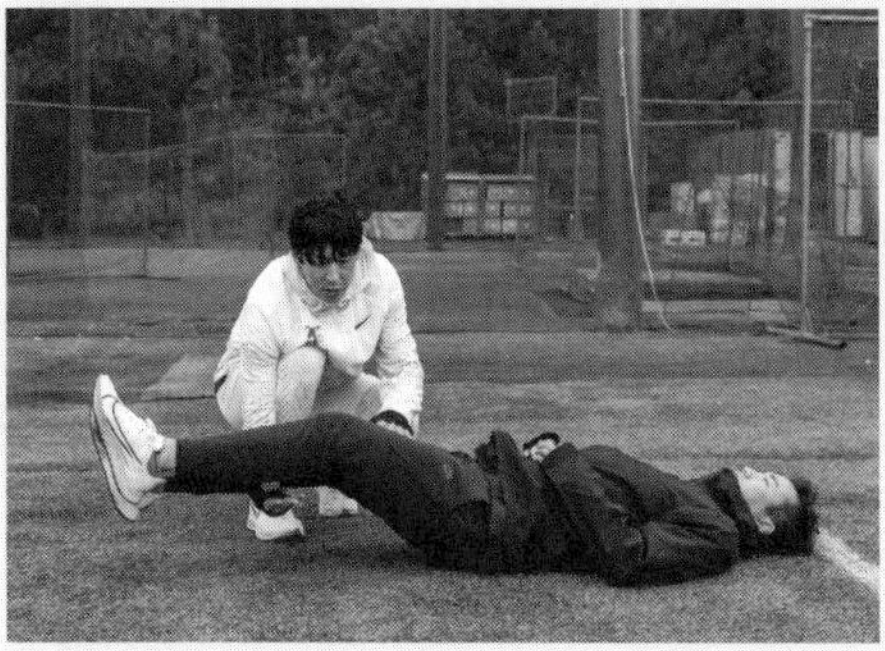

［やり方］

足を伸ばして仰向けに寝た状態から、ヒザを90度に曲げて、太ももと腹が90度の関係になるまで足を持ち上げる。ここから足を伸ばしながら下ろし、地面すれすれで止める。この上げる・下ろすを1回として10回が目安。

この動きに慣れてきたら、今度は地面すれすれでバタ足をする。低い位置で足を動かすことによって、下腹に負荷を加えることができる。20〜30回程度が目安。

［狙い］

まずはレベル1。大腰筋の強化に特化したメニュー。プロ野球選手のレベルになれば、両足の間にメディシンボールを挟むことで、内転筋の強化を同時に行うことが可能。

［ポイント解説］

ヒザを曲げた通常の腹筋運動では、背骨から股関節に伸びる大腰筋を鍛えるまでには至りません。大腰筋は、かなり深い場所に付いている筋肉のため、トレーニングにも工夫が必要になります。

足を下ろすときには、ヒザから下が地面と平行の関係を維持したまま下ろしてみましょう。足を自分の身体から遠ざけるイメージを持つといいでしょう。バタ足のときは、足首を背屈させることがポイント（写真❶）。背屈の形を取ることで、大腰筋に負荷を加えやすくなります。

バタ足のときは、足首を背屈させることがポイント

レベル2

プランク（負荷あり）

［やり方］

四つん這いで身体を支えるプランクを基本形としたうえで、パートナーが負荷を加えていく。まずは、プランクのやり方が重要で、お尻の穴をキュッと締める感じで、体幹部に力を入れること。それによって、大腰筋にも刺激が加わる。ここから、①パートナーがお尻を地面方向に10秒ほど押し、選手は潰れないように姿勢を維持する。②パートナーが地面方向に力を加える・休む・加える・休む……を瞬間的に繰り返す。10秒間押され続けるよりも、1回1回の負荷が強くなる。高校生であれば5回耐えられれば十分。

［狙い］

さきほどのレベル1よりも高負荷のトレーニングで、大腰筋を強化する。

［ポイント解説］

とにかく、プランクの姿勢を正しく作ることが重要です。パートナーが負荷を加えるときは、お尻を押すなどして力が入っているのを確認してから行ってください。まだ負荷に耐えられない場合は、プランクの姿勢をキープすることから始めてみましょう。

レベル3

上体反らし腹筋

［やり方］

通常の腹筋の姿勢を取ったあと、手を腰に当てて、腰を入れた状態から上体を反らす。反らした姿勢のまま、腹筋を行う。目線を上空に向けることで、さらに強い負荷をかけることができる。それぞれ、10回ずつ。

［狙い］

大腰筋や股関節周辺の筋肉を鍛える。上体を反らすことで、通常の腹筋よりもさらに奥深いところに負荷を加えることができる。

［ポイント解説］

10回行うだけでも、かなりの負荷を感じられるはずです。ポイントは上体を反らすこと。目線をどこに置くかによって、負荷のかかり方が変わることを感じてみてください。トレーニングジムにあるような下り傾斜のベンチに足をかけて行うと、より強烈な負荷がかかってきます。

ジュニア向けのトレーニング

ジュニア期は土台作りに力を入れる

前脛骨筋、大腰筋の強化とともに、ジュニア世代からするとレベルの高い話かもしれません。もう少し対象年齢を下げて、小学生や中学生におすすめのトレーニングを3つ紹介します。いずれも、ピラミッドの土台作りには欠かせないトレーニングで、自宅でひとりでも取り組めるものです。「速く走りたい！」という想いを、ぜひ行動に移してみましょう！

ステップ 1

飛行機

［やり方］

真っすぐ立った姿勢から、片足を後方に持ち上げ、足・お尻・背中・頭が地面と平行になるまで身体を倒す。手は飛行機の翼のように広げ、この姿勢を10秒間キープする。右足・左足ともに行う。

［狙い］

股関節周辺やお尻周りの筋力を鍛えるとともに、片足でのバランス感覚を養う。

［ポイント解説］

スタート時の姿勢（59ページ参照）をイメージして、地面に接する側の足のヒザと股関節を少し曲げるのがポイントです。屈曲させた状態で、飛行機の姿勢を作ってみてください。トレーニングの効果を高める意味でも、走りに近い姿勢を取ることが大事になります。

また、自宅で裸足になってみるとわかると思いますが、足の指をしっかりと働かせなければ、ヒザがグラグラしてしまう子どももいるのではないでしょうか。近年、「浮き指」と言って、足の指で地面をつかめていない子がいることが問題になっています。こうしたトレーニングのときから、足の指で地面をつかむ感覚を養い、改善を図っていきましょう。

ステップ 2

つま先タッチ

［**やり方**］

ステップ❶の変形バージョン。片ヒザを腰の高さまで上げた片足着地の姿勢から、飛行機の体勢を作り、右手で左足のつま先をタッチする（左手の場合は右足のつま先）。このあと、スタート姿勢に戻ってから、再び飛行機でつま先をタッチ。片足ずつ、この動きを10回繰り返す。動かす側の足が、地面に着かないように注意。

［**狙い**］

ステップ❶と同じく股関節周辺やお尻周りの筋肉を鍛える。動きが入る分、ステップ❶よりも強めの負荷がかかる。

［**ポイント解説**］

ここでも、支持足のヒザの屈曲、股関節の屈曲を忘れないでください。飛行機を作ったあとには、片ヒザを上げた着地姿勢にしっかりと戻ること。足を上げることによって、腹周りの強化にもつながっていきます。このとき、身体が後ろに反り返ったり、猫背になったりしないで、串刺しの姿勢を意識しましょう。

回数は「10回」と書きましたが、じつは結構難しいメニューです。お父さん、お母さんもぜひ挑戦してみてください。普段、運動不足の場合はバランス感覚を養うのがやっとかもしれません。お尻周辺のシェイプアップにもつながっていくので、お子さんと一緒にやってみるのもおすすめです。

ステップ
3

レッグランジ

［**やり方**］

足を前後に開いて行うレッグランジ。上体を真っすぐに立てた姿勢から、腰を落とす・上げるを繰り返す。腰を落とす際、後ろヒザは地面すれすれのところで止めておく。平地での動きができるようになったあとは、後ろ足を階段などの段差に乗せて、同じ動きを行う。より前足のヒザに負荷をかけることができる。

［**狙い**］

お尻周りの強化とともに、前足の太ももやヒザを鍛える。腰を下ろしたときに、支えとなる前足がぶれないように。

［**注意点**］

上体が倒れたり、後ろに反ったりしないように、真っすぐの姿勢を意識してください。ここで真っすぐの姿勢が崩れてしまう子は、走りのときにも崩れると考えていいでしょう。立っているとき、歩いているとき、そしてトレーニングのときから、串刺しの姿勢を大事にしておきましょう。

走りの準備につながるストレッチ

筋肉は伸びてから縮む

最後はストレッチ。すでにお話ししたとおり、筋肉は伸縮運動によって、爆発的な力を発揮することができます。特に走りの動作においては、一瞬でエネルギーを生み出す局面が繰り返されるため、ウォーミングアップの段階から、筋肉が伸びるための準備をしておく必要があるのです。しっかりと伸ばしておかなければ、一瞬の爆発に耐えることができず、ケガにつながってしまう恐れがあります。

数え切れないほどのアップメニューがありますが、ここではハムストリングス、大腰筋、股関節周辺の柔軟性にフォーカスを当てたストレッチを紹介します。大事なのは、それぞれのメニューが終わったあとに、軽い力感でいいので走ってみること。走ることで、身体がほぐれている感覚がわかるはずです。ストレッチのひとつひとつが、走りにつながっていることをぜひ体感してみてください。

1 ハムストリングス伸ばし

［**やり方**］

片足を身体の前方に踏み出し、つま先を上げて、ヒザを伸ばした状態で上体を倒す。もう一方の足は、ヒザを軽く曲げておく。この動きに慣れてきたら、その場で上体を起こす↓倒す↓起こすをリズムよく繰り返す。さらに、今度は片足ずつ前に出して、歩きながら同様の動きを行う。

［**狙い**］

ふくらはぎ、ヒザの裏、ハムストリングスを伸ばすストレッチ。

［**ポイント解説**］

「ポーン、ポーン、ポーン」とバスケットボールをドリブルするように、身体を弾ませてください。動きを付けていくことで、瞬間的な刺激を加えることができます。ガチッとした硬い動きではなく、柔らかく弾むように身体を使ってみましょう。

2 大腰筋伸ばし

［**やり方**］

写真のような四つん這いの姿勢から、骨盤を弾ませるようにして、骨盤を地面に近づけていく。片足ずつ10回。動きに慣れてきたら、足を1回ずつ入れ替えて計20回。

［**狙い**］

大腰筋や骨盤周りの柔軟性を養うストレッチ。

［**ポイント解説**］

写真①を見てもらうとわかりますが、曲げたほうの足を、自分の身体に対して斜めに出しているのがポイントになります。真っすぐ前に出すと、骨盤を弾ませるスペースがなくなり、大腰筋を十分に伸ばすことができないので注意しましょう。

曲げたほうの足を、自分の身体に対して斜めに出すのがポイント

3 股関節回し

［やり方］

壁やポールを支えに（パートナーの肩に手を乗せる形でもオッケー）、斜め真っすぐの姿勢を作る。ここから、ハードルを越えるイメージで、ヒザを横から前に持ってくる。ヘソまで持ってきたら、同じ動きを繰り返す。

［狙い］

股関節やお尻周りの筋肉をほぐすストレッチ。走る前に10～20回やるだけでも、足の上がり方がまったく変わってくる。

［ポイント解説］

後ろから前にヒザを持ってくるときに、ヒザが落ちないように注意しましょう。ハードルを飛び越えるイメージをしっかりと持っておくことによって、ヒザが落ちるのを防げるはずです。

第4章

「盗塁」におけるリード姿勢とスタートの切り方

リードの構えはつま先重心

最終第4章のテーマは「盗塁を極める」です。

ここまで解説してきた速く走るための理論を、どのようにして盗塁に生かしていくか。「盗塁成功率を上げたい！」と思っているみなさんに、ぜひ読んでいただきたい章になります。

私は野球の専門家ではありませんが、盗塁を決めるためには、スタートの一歩目の速さと塁間のスピードがカギを握っていることは想像できます。第2章で触れたとおり、リードとスライディングを除いた距離は、およそ21・5メートル。スタートの出遅れは致命的な痛手になるのは間違いありません。いかに一歩目で速く飛び出し、少ない歩数で加速できるか。プロ野球選手にも指導してきた実践例を紹介します。

まず、速いスタートにつながる大きな要因として、「構え方」があります。

阪神タイガースのコーチングに関わる中で気になったのは、構えたときにかかとに重心を乗せている選手が多いことです（**写真❶**）。スタートを切るときには、二塁に進むにせよ、一塁に帰塁するにせよ、必ずつま先側に重心を移してから動き出します。かかとに乗っているということは、つま先に乗るまでの時間が必要であり、その分だけ時間をロスしてしまいます。コンマ何秒の世界かもしれませんが、非常にもったいないと感じました。

選手とディスカッションをしていきながら、かかとを少し浮かせて、つま先に重心を乗せる構えを提案したところ、「一歩目が切りやすい」とおおむね高評価でした（**写真❷**）。かかとを浮かせることで不安定さを感じるのであれば、脛を前に傾ける意

構えたときにかかとに重心が乗っていると、スタート時に時間をロスしてしまう

つま先に重心を乗せる構えの場合は、一歩目のスタートが切りやすい

識でも構いません。とにかく、かかとには重心を乗せないこと。この構えを意識することが、最初のポイントになります。

スタンディングスタートを応用する

つま先荷重の構えを作るコツは、陸上のスタンディングスタートを知ることにあります。スタンディングスタートは、100メートルのときのようにスターティングブロックを使うのではなく、立った姿勢で足を前後に開くやり方で、800メートル以上の中・長距離で使われます。小学校の徒競走もこのスタート方法が多いと思います。スタンディングスタートのポイントを知れば、スタートダッシュで一気に差をつけることができるはずです。

どちらの足を前に持っていくかは、人それぞれの特徴がありますが、仮に左足を前に出したとしましょう。左足が前、右足が後ろのスタンスを取った場合、左足の上に上体を乗り込ませるようにして、体重をかけていきます（**写真❸**）。必然的に後ろ足（右足）

のかかとが浮き、前足（左足）のかかともやや浮き、脛が前方向に倒れた体勢になります。意識としては、前に傾いている上体が倒れないように前足で支える感じです。その結果として、前足側の股関節が屈曲し、腹と太ももの距離が近づきます。重たいものを押すときの体勢をイメージすると、わかりやすいでしょう（写真❹）。

股関節を屈曲させることによって、お尻や太ももの筋肉を使いやすくなる利点があります。大殿筋やハムストリングスなど、大きな筋肉を働かせることによって、一歩目から素早く反応することができるのです。

NGは上体が突っ立ったままで、重心が前足に乗り切れていない姿勢です。こうな

前足の上に上体を乗り込ませるようにして、体重をかけていく

重たいものを押すときの体勢をイメージする

ると、後ろ足に体重が残っているため、後ろ足で蹴ってスタートしようとしがちですが、蹴ったところで瞬間的な力は発揮できません。

正しいスタンディングスタートを理解してもらったうえで、ここからが重要なポイントになります。後ろに引いていた足を、前足の横に持ってきてみてください。両足を肩幅よりやや広めに開くだけで、盗塁の構えにつながるのがわかるでしょうか（写真❺）。股関節が屈曲し、かつ、つま先に重心を乗せた構えをすぐに作ることができるのです。

プロ野球選手にも、「まずはスタンディングスタートを作ってみましょう。そこから、リード姿勢に転換していきます」という伝え方をしています。指導の経験上、この手順で実践してみると、かかとに重心が乗る選手は圧倒的に少なくなります。ウエイトトレーニングに取り組んでいる選手には、「腰が入ったデッドリフトの姿勢が理想です」と表現することもあります。

「低く構えなさい」という指導方法を耳にすることもありますが、何を低くするのか、選手によって捉え方が変わってきてしまいます。腰を下げることによって、かかとに重心がかかり、余計に一歩目が遅くなることもありうるわけです。「低く」という意識は、持たないほうがいいと思います。

陸上は前後に、野球は左右に足を開く違いはありますが、突き詰めて考えていくと、大事なポイントはよく似ています。「野球の走りは、陸上の走りがベースになる」と何度も書いてきましたが、スタートに関しても同じことが言えるのではないでしょうか。

後ろに引いていた足を、前足の横に持ってくると、盗塁の構えにつながる

一歩目を遠くに踏み出しすぎない

盗塁時の構えを作ったあとは、一歩目のスタート。選手によってさまざまなやり方を取り入れていますが、大きくわけて2つのスタート方法があります。

①**クロスオーバー（構えたところから、左足が右足を追い越すようにしてスタートを切る）**

②**ジャブステップ（右足を動かしてから、左足を動かす）**

以前はクロスオーバーが主流だった印象があるのですが、今はジャブステップを取り入れている選手が比較的多いと感じます。

どちらを選択するにせよ、大事なことは一歩目をどこに着地するかです。前傾姿勢に対して、上体の真下に一歩目を着けるかどうか。ここが最大のポイントになります。

ジャブステップの場合は、右足をその場で踏む方法と、右足を左足のほうにずらして上体の真下に踏む方法がありますが、「上体の真下」と考えれば、右足をずらしたほうがいいでしょう。

野球選手から感じるのは、「一歩目から、ストライドを出そうとしすぎている」ということです。遠くに足を踏み出すことによって、かかとからの着地になり、地面に強い力を加えることができなくなってしまいます（写真❼）。陸上選手の感覚からすると、一歩目から四歩目ぐらいまでは、歩幅を出そうとする意識はありません。とにかく、しっかりと地面に力を加えられる場所に着地をして、回転数を上げていく（写真❽）。ピッチが上がっていけば、それに伴ってストライドは伸びていきます。たとえば、10メートル走だったとしても考えは同じです。歩幅を大きくしたほうが、速くゴールに辿り着けそうですが、力任せの走りになってしまい、アキレス腱の反射を生かすことができません。

一歩目は、しっかりと地面に力を加えられる場所に着地をして、回転数を上げていく

遠くに踏み出すとかかと着地になり、強い力を加えられない

意識的に二塁ベースに向ける必要はない

野球選手や指導者から、こんな質問を受けることがあります。

「二塁ベースに身体を早く向ける意識は、持ったほうがいいのでしょうか？」

結論から言うと、そういうアドバイスをしたことは一度もありません。二塁に走ることが大前提になっているので、無意識に身体は向くと思っています。自ら意図的に向かせようとすると、地面を蹴ろうとしたり、身体が横に回ったり、着地の位置がずれたりすると思うのです。このあたりは、近本選手が興味深い話をしているので、ぜひ193ページの対談も読んでみてください。

もちろん、選手によっては「身体を方向転換させることで、速く走れる」と感じている人もいると思います。だから、私の考えを押し付けるようなことは絶対にしません。「感覚はどうでしたか？」と問いかけながら、それぞれの選手の感覚に合った走りを追求していきます。

個人的には、大事なのは身体の向きよりも目線だと思っています。塁間ほどの距離であれば、斜め下を向いて前傾姿勢を保ったまま走り抜く。目線が上がるとアゴまで上がることになり、上体が立ってきてしまいます。キャッチャーからの送球を受けるショートやセカンドの動きを見る必要はあるかと思いますが、できるかぎり目線を上げないほうが、スピードを落とすことなく走り切れるはずです。

盗塁の達人から学ぶ

野球選手に指導する機会が増えたこともあって、「盗塁のスペシャリスト」と呼ばれる選手の動画を繰り返し見るようになりました。盗塁を数多く決めるだけの理由はどこにあるのか。私なりに感じたポイントを紹介します。

■ビリー・ハミルトン（元シンシナティ・レッズ）

MLB6年間で277個の盗塁を決めたハミルトン選手。一番の特徴は、かかとを浮かせた状態でリード姿勢を取っているところです。ここから、右足を上体の真下に着くジャブステップをきっかけにして、前傾姿勢を作っています。真下に右足を持ってくれば、身体を支えていた右足が外れることによって、二塁方向に上体が倒れやすくなります。自然に前傾姿勢を取りやすいところも、ジャブステップの利点と言えるでしょう。

■山田哲人（東京ヤクルトスワローズ）

トリプルスリー（3割・30本・30盗塁）を3度達成している超一流選手。盗塁は、「とんでもない！」と思うぐらい素晴らしい走りをしています。山田選手もジャブステップを取り入れていますが、右足を引いた瞬間に頭から足先まで真っすぐの姿勢を作ることができています。しかも、低い角度の前傾のまま走り切ることができる。毎年、コンスタントに盗塁を決めているのも納得です。

■源田壮亮（埼玉西武ライオンズ）

プロ入り1年目から3年連続で30盗塁以上を記録した源田選手も、ジャブステップをきっかけにして、きれいな前傾姿勢を作れるうまさを持っています。一歩目の右足を着く位置が、特に素晴らしい。走りを見ると、速さ＋うまさを兼ね揃えている印象です。

■西川遥輝（北海道日本ハムファイターズ）

昨年まで3度の盗塁王を獲得している西川選手の特徴は、構えにあります。山田選手や源田選手に比べると、両足のスタンスが広く、「スタートを切りにくいのでは？」と感じるのですが、ここから右足を上体の真下に持ってきて、理想的な前傾を作ることができています。

広いスタンスを取っていると、その分一歩目の着地を真下に着くまでの時間がかかるものですが、西川選手の場合はこのスピードが異常に速いのが大きな特徴だと言えるでしょう。

■五十幡亮汰（北海道日本ハムファイターズ）

中学時代に陸上の100メートル、200メートルで全国優勝を果たした実績を持つルーキーです。驚きました。素晴らしい走りをしています。もともとスピードを持った選手であるのは間違いありませんが、それだけでなく着地の技術が優れていて、身体の真下に着くことができています。力任せに走っている感じがまったくないので、足への負担も少ないのではないでしょうか。二塁打、三塁打のコーナーリングも、まるで陸上選手が走っているようなうまさを持っています。

初速を高めるドリル

前傾姿勢を作るアイテム「ハーネス」

ここまでが、盗塁成功率を高めるための考え方です。頭での理解を深めていただいたうえで、実際に指導の現場で行っているドリルを紹介します。

プロ野球選手にもJリーガーにも好評なのが、二人一組で行う牽引走です。「ハーネス」（2000円前後で市販されています）と呼ばれるベルトを両肩に装着し、パートナーが進行方向と逆側に負荷をかけることによって、走り手は地面方向に身体を前傾させながら走ることが可能になります。ベルトを着けているため、恐怖心を感じずに身体を倒すことができるのです。

ハーネスは肩に着ける「ショルダー型」と、腰に巻く「腰ベルト型」があります。両方を試してみましたが、腰ベルト型は腰だけが後方に引っ張られる感じがあるため、少し違和感を覚えます。選手に聞いてみても、ショルダー型のほうが好反応でした。購入を検討される方には、ショルダー型をおすすめしています。

1 牽引走

［やり方］

走り手の両肩にハーネスを巻き、パートナーが後ろでヒモを保持。走り手はスタンディングスタートのように、前足に体重を乗せて、上体を前傾させる。頭から後ろ足までが斜め一直線になるように、真っすぐの姿勢を作る。この体勢から一歩一歩、上体の真下に下ろすイメージで地面を踏みながらダッシュする。

［狙い］

正しい前傾姿勢と着地姿勢を覚える。

［ポイント解説］

慣れるまでは、パートナーの引っ張る力加減が難しいかもしれません。あまり強く引っ張りすぎると、上体が後ろに持っていかれる感じになり、うまく走れなくなります。2人でコミュニケーションを取りながら、ちょうどいい力加減を探してみてください。

走り手のポイントは、スタート時点での構えにあります。前足の股関節をしっかりと屈曲させて、臀部やハムストリングスが働きやすい構えを作ります。そして、背中が丸まらないように、斜め真っすぐの串刺し姿勢をイメージしましょう（写真❶）。このポジションが悪いと、その後の走りにつながっていきません。

後ろから引っ張られているために、タイヤ引きのように力を出し切る練習に思われがちですが、大事なのは正しいフォームを身につけることです。力でグイグイ進むのではなく、正しい着地姿勢を心掛けましょう。一歩一歩の間合いを感じながら、上げた足をそのまま真下に下ろす意識で取り組んでみてください。

数本走ったあとには、ハーネスを外した状態でダッシュをしてみましょう。前傾に対する感覚が、きっと変わっているはずです。

スタート時点では、背中が丸まらないように、
斜め真っすぐの串刺し姿勢をイメージする

牽引走（盗塁バージョン）

牽引走の発展型として、盗塁と同じように横向きのスタート姿勢から行う牽引走があります。横向きからであっても、一歩目を身体の遠くではなく、近くに踏み出します。ぜひ、取り入れてみてください（**写真❷**）。

身体の遠くに着地しがちな選手は、地面に目安があることで、力を加えやすい着地姿勢が取れるようになってきます。内川選手はこのやり方で、正しい前傾と着地姿勢を身体に染み込ませることができました。

また、こんな方法もあります。少し負荷は高くなりますが、なだらかな上り坂と牽引走を組み合わせるのです。上り坂のメリットは、ヒザから下を振り出す動きが制御されることです。振り出して着地すると、平地時よりも早く地面に着地することになるので、本能的に歩幅が狭くなっていきます。狭いといっても、日常的にオーバーストライドで走っている選手にとっては、ほぼ適正な着地位置になります。

繰り返しになりますが、自分が走っている感覚と実際の動きは、えてしてズレがあるものです。必ず動画を撮影して、1本走るたびに確認する習慣をつけてください。撮影する角度は、横から撮ったほうが空中姿勢や着地姿勢がわかりやすいと思います。

横向きのスタート姿勢から行う場合も、一歩目を身体の遠くではなく近くに踏み出す

2

マーカー走

［やり方］

2足幅と2・5足幅にマーカーを並べ、スタンディングスタートの姿勢から走り抜ける。これで着地の感覚をつかんだら、身体を横向きにして、盗塁と同じ姿勢でスタートを切る。

［狙い］

スタートからの一歩目、二歩目の着地姿勢を身につける。マーカーとマーカーの間に、しっかりと着地できるように、身体の真下に踏む感覚を磨いていく。

［ポイント解説］

前足のつま先とマーカーが触れる位置を、スタートポジションに設定してください。この位置に立ったときに、「窮屈そうだな」と感じる選手は、普段のストライドが広めと考えていいでしょう。マーカーの間に着地することで、身体の遠くに踏み出す着地を改善していくことができます。一歩目と二歩目の幅が同じでは、加速しづらくなるので、二歩目のマーカーは０・５足ほど広げておくといいでしょう。

3 反復横跳び

［やり方］

学校のスポーツテストでも行う反復横跳び。できるかぎり、かかとを浮かせた状態で左右に速く動く。

［狙い］

つま先に重心を乗せた状態で動く習慣をつける。これによって、かかとを浮かせたリード姿勢を作りやすくなり、このあとに紹介するシャッフルの一歩目にも生きていく。

［ポイント解説］

反復横跳びで速く動こうと思えば、かかとが浮いてきます（写真❶）。そもそも、かかとがベタッと着いた状態で俊敏に動くことはできません。かかとが潰れてしまうと、ヒザの伸展など筋肉を使って動かざるをえなくなります。

たとえば、バスケットボールのディフェンス

反復横跳びで速く動こうと思えば、かかとが浮いた状態でないと俊敏には動けない

でこのやり方をすると、後半まで足のスタミナが持たなくなってしまうのです。サッカーで言えば、かかとを着いてディフェンスをしていたら、相手の一瞬のスピードに対応できなくなるでしょう。

考え方は、第3章のジャンプトレーニングと同じで、どれだけアキレス腱の反射を使えるかです。その感覚を、反復横跳びで養ってください。

シャッフルも外野守備も一歩目の着地がカギ

野球選手や指導者から「シャッフルのポイントを教えてください」と質問を受けることがあります。動画サイトでプロ野球選手がどのような動きをしているのか確認しましたが、気になったのは右足を着地する位置です。身体の外側に右足を踏み出す選手が多く、これでは上体の真下に着地できていないことになります。前傾姿勢を作るのに時間がかかり、初速も遅くなってしまうでしょう。ジャブステップの一歩目と同様に、右足は上体の真下に着く。このほうが、一歩目を速く切れるはずです。

ただ、野球の場合はキャッチャーからの送球に備えて、二塁に戻る準備もしなければいけません。だから、身体の外側に右足を踏んでいるのだと思います。では、2アウト2ストライクで、バッターがストライクゾーンの球を振り出したときはどうでしょう。もう「GO！」しかない状況であれば、使える技術ではないでしょうか。シャッフルから三盗を狙うときにも、右足の着地位置に気を付けることで初速が速くなるはずです。

外野守備も、一歩目を着く位置がカギです。「ボールに早く近づきたい」と思えば思うほど、身体から遠くに踏み出したくなるかもしれませんが、結果的にかかとから着地することになり、アキレス腱の反射を使えなくなります。速く走りたいと思うときこそ、一歩目は身体の近くに着くことです（写真❷）。

近本さんとの対談でも話していますが、外野フライに初めて挑戦したとき、「ボールがぶれる」という感覚はまったくありませんでした。一歩一歩、足を踏み込むときに、かかとがつぶれていないことが最大の理由だと思います。

グラブを持った外野守備になると、「陸上の走りと違うのではないか」と思われがちですが、まったくそんなことはありません。陸上の走りは、盗塁にも外野守備にもつながっているのです（写真❸）。

速く走りたいと思うときこそ、
一歩目は身体の近くに着く

陸上の走りは、盗塁にも外野守備にも
つながっている

野球のベースランニングは特殊？

「小さく速く回るにはどうしたらいいですか？」

野球選手の指導に関わるようになってから、ベースランニングに関する質問が増えてきました。正直に言って、まだはっきりとした答えを見つけられていません。陸上にもコーナーリングがありますが、野球の走塁と比べると角度が緩やかで、当然のことながら「ベースを踏んで回る」という特別な動きもありません。

コーナーを回るときに、「上体を倒して、角度をつける」といった指導法も聞きますが、私はまったく意識していませんでした。考えていたのは、コーナーの出口を見て走ることだけです。目線をコーナーの出口に置いておけば、身体は勝手に回りたい方向に向かっていきます。この目線に関する考えは、野球のコーナーリングにもつながっていくのかもしれません。

ひとつ、アメリカで発表された面白い論文があるので紹介したいと思います。バイオメカニクスの専門家であり、ご自身もハードル競技の選手として活躍していた岩崎領先生（福岡大学スポーツ科学部・助教）に教えてもらった論文です。

タイトルは、『Comparison of base running in baseball players and track-and-field athletes』。日本語に訳せば、『野球選手と陸上競技選手のベースランニング時の比較』となります。野球からは25人の選手、陸上からは6人のスプリンター、2人のハードラー、2人のジャンパー（幅跳びなど）、2人の混成選手（複数の専門種目を持つ）ら計12人が参加し、スプリント能力とベースランニング能力がどこまで関係しているかを調べたものです。

計測方法は、次の4つです。

① 54・8メートルの直線距離（本塁〜二塁までの距離）
② 109・6メートルの直線距離（ベース一周の距離）
③ 54・8メートルのベースランニング（本塁〜二塁までの距離）
④ 109・6メートルのベースランニング（ベース一周の距離）

つまり、直線とベースランニングで同じ距離を走り、どれぐらいのタイム差が出るかを比較したわけです。スプリントが速い選手は、ベースランニングも速いのか。あるいは、野球の走塁は特殊な技術が必要で、単純な走力だけでは計れないところがあるのか。みなさんはどのような結果を想像しますか。次がその結果になります。

■タイム比較

①野球選手＝7・76秒／陸上選手＝7・49秒
②野球選手＝14・84秒／陸上選手＝13・95秒
③野球選手＝8・56秒／陸上選手＝8・62秒
④野球選手＝16・94秒／陸上選手＝16・96秒

直線のタイムでは54・8メートル、109・6メートルともに陸上選手が上回っていますが、ベースランニングになると、野球選手がわずかに速いことがわかります。

■効率性比較

この数字を、「ベースランニング÷直線距離」の計算式にあてはめると、「走りの効率性」を導き出すことができます。本塁から二塁までの場合、野球選手は「８・56÷７・76＝１・10」となるわけです。

このようにして見ていくと、

- 本塁から二塁　野球選手＝１・10／陸上選手＝１・15
- ベース一周　　野球選手＝１・14／陸上選手＝１・22

１・０に近いほど効率性が高く、スプリント能力を走塁に生かせていると考えることができます。わずかな違いと感じるかもしれませんが、統計学で使われる「ＥＳ＝effect size（データの単位に依存しない標準化された効果の程度を表す指標／０・６以上を示すと効果が高い）」で見ると、明らかな違いがあることがわかります。

- 本塁から二塁　ＥＳ＝１・33

●ベース一周　ES＝2・00

■走行距離比較

続いては、本塁から二塁までの走行距離の比較です。

本塁から一塁と一塁から二塁までを直線で結べば、54・8メートルになりますが、野球をやっている人であれば、「本塁から二塁まで、直線で走るのは無理！」とすぐにわかることでしょう。スピードに乗れば乗るほど、遠心力がかかるため、外に膨らんでいきます。この膨らみを小さくすることが、タイムの短縮につながり、野球選手が突き詰めるベースランニングの技術となるわけです。

●本塁から一塁　野球選手＝27・95メートル／陸上選手＝27・83メートル
●一塁から二塁　野球選手＝28・14メートル／陸上選手＝28・68メートル
●トータル　野球選手＝56・08メートル／陸上選手＝56・61メートル

すでに想像がついていたかもしれませんが、野球選手のほうが走行距離が短く、トータルでは60センチほどの差が出ています。おおよそ、靴２足分。ベースランニングの技術は、やはり野球選手のほうが高いことがわかります。

一方の陸上選手はどうでしょうか。もともとの走力を持っているおかげで、野球選手には及ばないまでも、ある程度のタイムを出すことはできている。走塁練習に時間をさけば、ベースランニングのタイムはもっと上がっていくと推測できます。土台となる走力を磨いておくことは、盗塁だけでなく、ベースランニングにも生きてくるのではないでしょうか。コーナーを小さく速く回るコツについては、私もこれからもっと勉強していきたいと思っています。

秋本真吾
スプリントコーチ

スペシャル×対談

近本光司
阪神タイガース

近本光司 ちかもと・こうじ

1994年11月９日生まれ、兵庫県淡路市出身。兵庫県立社高校～関西学院大学～大阪ガス～阪神タイガース。2018年のドラフト会議で阪神タイガースから１位指名を受け、プロ入り。１年目からセンターのレギュラーをつかむと、新人として歴代３位のシーズン159安打、史上２人目の盗塁王を獲得するなど、大活躍を見せた。２年目の昨季も盗塁王に輝き、２年間で成功67、失敗23、盗塁成功率７割４分４厘を誇る。2021年シーズンは、赤星憲広氏に続く史上２人目となる、新人から３年連続の盗塁王に期待がかかる。

小さい頃から「走ることが楽しい」
初めて学んだ理論は「ポン・ピュン・ラン」

——本日はお時間をいただき、ありがとうございます。近本さんがタイガースに入団した1年目、鳴尾浜での合同自主トレで秋本さんが臨時コーチを務めて以来、お付き合いがあるそうですね。「走る」をテーマに、さまざまな視点からお話しいただければと思います。

秋本　ぼくからもいろいろと聞きたいことがあるので、よろしくお願いします。

近本　どうぞよろしくお願いします。

秋本　まず、子どもの頃から振り返ってみて、近本さんが速く走るために大切にしていたのはどんなことですか。

近本　一番は、走ることが楽しく思うようにはしていましたね。もともと、めちゃくちゃ速いわけでもなくて、学校ではクラスで2番目や3番目でした。速いほうではあるけど、ずば抜けて速いと思ったことはありません。でも、走ることは好きで、野球チームでも積極的に盗塁を仕掛けていました。考え方のベースにあるのは、「速いから走る」のではなく、「楽しいから走る」です。

秋本　そうなんですね。今はどちらかというと、メンタル的な話ですが、技術的に何か教えを受けたことはありますか。

近本　ないですね。ただ速く走ろうとしていただけで、走り方を教わったことはありません。たぶん、野球をやっていた人で、中学生や高校生の頃に走り方を教わった経験がある人は少ないと思います。やっぱり、「投げる」「打つ」「捕る」に比重がいきやすい。もともと走力を持っている人だけが、「足が武器の選手」として認められる感じです。本当は、何においても、走ることは必要なんですけどね。守備はもちろん、打ったあとには走塁がある。だけど、走る技術に着目されることはほとんどないですよね。

秋本　野球界を見ていると、そんな感じはしますけど、近本さんは技術的な教えを受けてきたのかなと思っていました。

近本　ぼくが初めて、走り方を考えるようになったのは大学（関西学院大学）に入ってからです。もっと速くなるために、どうしたらいいか。全体的に筋力が足りなかったので、瞬発系のトレーニングをしたり、基本的な走り方を教わったりしました。

秋本　それは、どんな教えだったんですか？

近本　「ポン・ピュン・ラン」（＊福島大学の川本和久先生が考案した、速く走るための考え方／ポン＝弾むようにして真下に足を振り下ろす、ピュン＝後ろ足を早く前に移動させる、ラン＝走る）ですね。大学時代、ひとつ下の後輩にトレーニングや身体の動かし方を見てもらっていて、その子に教わりました。

秋本　実際に、「ポン・ピュン・ラン」で走りの感覚は変わりましたか。

近本　変わりましたね。今もそうなる傾向があるんですけど、速く走るためには、地面を蹴ったり、ストライドを広げたりしたほうがいいと思っていました。あとはもう、全力で腕を振る。それが「ポン・ピュン・ラン」の感覚を知ってから、ヒザを早く抜くとか、足の回転数を意識するようになりました。

――走りのタイムそのものも上がったのでしょうか。

近本　上がりましたね。あとは足にかかる負担も少なくなったと思います。

秋本　じゃあ、ぼくが鳴尾浜でやった座学に関しては、近本さんの中である程度は理屈としてわかっていたんですか。

近本　はい、わかっていました。やっぱり、そういうことなのかと。でも、頭では理解できていても、まだ技術が足りていないので、実際の走りに生かすのは難しいのが現状です。

秋本　なるほど。そうなると、頭の中で走りの理論が確立されてきたのは、大学生の頃ですか？

近本　はい、その頃ですね。そのあと、社会人の大阪ガスに入ってから、陸上出身のトレーナーさんにさまざまな知識を教えていただきました。

野球は自分のタイミングで走れない
でも、陸上の走りを体得することが大事

――どうでしょうか、陸上の走り方も理解したうえで、野球と陸上の走りは同じだと思いますか。あるいは、違いを感じますか。

近本　そうですね、結論的に言うと違うと思います。でも、陸上の走りができれば、野球の走りはできるんですよね。社会人のとき、野球場の横のグラウンドで陸上部が走っていたのをよく見ていたんですけど、もう動きから何から全然違う。「やっぱり、陸上

の人は違うな」と思っていました。走ることだけを極めているわけですからね。あの走りが、野球でもできたら絶対的に速いとは思います。

――それでも、「結論的には違う」というのはどういう意味ですか。

近本　わかりやすく言えば、「野球は自分のタイミングで走れない」というところですかね。打球や相手を見ながらの判断が必要であって、それによって上体が崩されることもある。たとえば、内野手がギリギリ追いつきそうな打球を打ったときには、まずは一塁を駆け抜けることを考えて、打球が抜けた場合にはオーバーランに切り替える。こういう走塁がたくさんあるわけで、目標に向かって真っすぐ走るだけの局面は少ないのが野球です。

秋本　昨年12月に、ユーチューブの『トクさんTV』の企画で「陸上選手がセーフティバントをやったら、一塁までどのぐらいのタイムで走れるか」というチャレンジをしたんですけど、3・42秒でした。打球を見たりせず、全力で走っただけなので、おそらく桐生祥秀選手のクラスであれば3・2秒台が出るかもしれません。実際の走塁となれば、いろんな状況判断が関わってくるのでしょうが、近本さんが言われたように、陸上の走り方をある程度は体得できれば、野球に応用できる要素はたくさんあると思っています。

陸上の走りをベースとして考えたうえで、野球に横展開して応用していく。「陸上の走りと野球の走りはまったく違う」と考える必要はないと思うんですよね。

近本　ぼくもそう思います。

秋本　『トクさんＴＶ』では、外野フライにも初めて挑戦しました。以前、指導に行っている高校野球の監督に、「外野手が打球を追うときに、グラブは振らないほうがいいんですよね」と言われて、「いや、そんなことないでしょう」と思ったんです。速く走ることを考えたら、グラブを着けている腕もしっかりと振ったほうが絶対にいい。実際に、ぼくがグラブをはめて走ってみると、陸上のときと同じように腕を振っていました。基本的なベースとして、陸上の走り方を身につけておくことは大事だと思います。

塁間走12歩から14歩へのチャレンジ「正しい着地」を追求する取り組み

――ここからは、実際に秋本さんの指導を受ける中での変化や手ごたえについて教えてください。昨年は、盗塁時の塁間の歩数を2歩増やすことをテーマに置いていたそうですね。

近本　はい、去年の1月の自主トレのときに14歩で走ることに取り組みました。それまでは12歩でやっていたんですが、ストライドが広い分、足にかかる負担も大きくなる。ストライドではなく、ピッチを高めることに意識を置く。ただ、14歩で走ろうとすると、どうしても歩数のことに意識がいきすぎて、スピードに乗れない感じになってしまいました。ぼくの考えとしては、盗塁の歩数は個人個人である程度はもう決まっているのかなと。それを変えるのはなかなか難しい。結論から言うと、「14歩で走る感覚を大切にしながら、12歩で走り切る」「14歩でやろうとしたことを、12歩に落とし込む」と考えるようにしました。

――具体的に、どういう感覚でしょうか？

近本　ヒザより下が前に振り出たり、足が後ろに流れたりすると、14歩では走れなくなります。正しい着地の場所に足を下ろすことによって、オーバーストライドにならずに、ピッチを高めることができる。この感覚を持ちながら12歩で走ってみると、また違う感覚で走れたんです。それで、こっちのほうがいいなと思うようになりました。

秋本　近本さんの課題は、着地のポイントがずれることにありました。どうしても、身体の遠くに踏み出そうとしてしまう。それでも速く走れるのが近本さんのすごいところですが、オーバーストライド気味で走っているので、ヒザの裏やハムストリングスにかかる負荷がどうしても高くなります。正しい接地をすることで、足への負担が軽減されて、さらに地面から力を得やすくもなる。そう考えての取り組みでした。

――ハムストリングスの筋肉が引っ張られることによって、肉離れにもなりやすいという話でしたね（78ページ参照）。

秋本　そういうことです。ただ、近本さんからのフィードバックで、「盗塁を決めることを考えると、歩幅に気を取られて足が合わない」ということでした。スライディングにも関わってくるので、無理に14歩にすることでスピードが落ちてしまうのは本末転倒。今までどおりの12歩であっても、その中で走り方が改善されることが大事だと、考えをすり合わせるようにしました。

――12歩も14歩も偶数ですが、奇数の13歩にするのは非現実的なのでしょうか。

近本　そうですね、スライディングで滑る足が変わってきてしまいますからね。ぼくは右ヒザを折って、左足を伸ばすスタイルなので、最後の蹴り足が右足になります。高校生のときも右足を折って滑っていたので、無意識の中でずっと12歩で走っていたのだと思います。

――歩数を2歩増やすとなると、想像するだけで窮屈な感じは出そうですね。

近本　スライディングを考えると、「プラス1歩の13歩」とはなかなかならないですね。

――ソフトバンクの周東佑京選手のように、「右足でも左足でも滑れるほうがいい」という声も聞きますが、近本さんはどう思われますか。

近本　両方滑れることが、本当に利点なのかわからないです。ぼくは右足を折るスライディングしかできませんが、いつも同じスライディングをするので、「今日はストライドが広すぎて、ベースとスライディングの距離が近いな」と、〝違い〟を感じることができます。ストライドが広いということは、足を後ろに蹴りすぎていて、走り方が悪かったのかもしれない。両足で滑れると、こういう確認ができなくなるのかなとぼくは思います。

――なるほど、初めて聞く考えです。両足でスライディングできたほうがいいと思っていましたが、決してそうではないのですね。

ミニコーンを置いて着地を改善
2年連続盗塁王も走り方には不満あり

――秋本さんに指導を受ける中で、さまざまなドリルを実践したと思いますが、一番はまったドリルは何でしたか。

近本　目印となるミニコーンを置いて、その幅の中に着地していくドリルです（122ページ参照）。よかったというか、新しい刺激になりました。できるだけ足を身体の真下に着いていく。ミニコーンがあることで、窮屈には感じるんですけど、今まではない刺激でした。

秋本　近本さんは特に強いですが、野球選手は全般的にフィジカルが強い傾向にあります。足腰のパワーという点では、陸上選手以上です。だから、本来であれば力が入りにくいところに足が着地しても、対応できてしまう。それが良いことでもあり、悪いことでもあるんですけどね。正直、ぼくが見てきた野球選手の中で、最初から正しい着地ができていた選手はほぼいません。

――ストライドが広いのが野球選手の特徴になりますね。

秋本　広いということは、足が地面に着いている時間も長くなります。力を発揮する時間が長いと、どうしても足にかかる負担が大きくなる。これを野球選手にどのように伝えれば理解してもらえるかなと考えたとき、バッティングもピッチングも同じじゃないかなと思ったことがありました。選手には、こんな話をしています。「バッティングで考えてみてください。インパクトの一瞬で力を加えるから、ボールが飛んでいくのではないですか?」。ずっと力を入れ続けていたら、力を入れるべきところで入らないですよね。ボールを投げることに関しても、同じことが言えると思います。どうすれば、一瞬で大きな力を生み出せるか。走りで言えば、身体の真下に着地することが大事なポイントになります。

近本　たしかに、打つのも投げるのもそう言えますね。

秋本　こういう話を伝えると、感度の高い人は「たしかに!」と、走りにも応用できるようになります。今まで見てきた選手の中で、この感度が抜群に高かったのが内川聖一さん。感覚の引き出しがめちゃくちゃたくさんあるので、「この人はこういう感覚の話をしているんだ」と自分の頭の中で変換して、身体で表現できるんです。

――近本さんは、走りを改善する中で、２０２０年にはルーキーイヤーに続く盗塁王を獲得されました。

秋本　実際、年間通しての走りを振り返ったときに、自主トレで取り組んだことがどのようにはまって、どのようにダメだったかを教えてもらえますか。

近本　年間通して考えると、ダメでした……。最終的に、盗塁はセーフにならなければいけなくて、そのためにはタイムを上げなければいけない。足に負担がかかったとしても、試合になればセーフになることが最優先になる。「盗塁王」という結果はよかったんですけど、走り方が改善されたかとなると、まだまだです。

――自主トレやキャンプの段階では、12歩の歩数でも今までと違う手ごたえがあったと思うのですが、シーズンに入って、相手がいる中でのプレーになるとやっぱり難しいものでしょうか。

近本　頭の中では、「やろう」としていてもできないんですよね。ちょっとはできているかなという感覚があっても、実際の映像を見ると、ほとんど変わっていない。このままではダメだな、という思いはあります。

秋本　シーズンが始まると、打つことや守ることにも意識がいくので、走る技術と向き合うのはなかなか難しいのかなと思います。盗塁も成功させていましたからね。そうなると、オフシーズンにどれだけしっかりと取り組めるか。それも、今までとは違うことに取り組んでいるので、時間がかかるのは当然のこと。3年後、5年後にもケガなく走るために、改善していきたいですね。

スタートの一歩目は右足をずらす
二塁方向に早く向く意識は持たない

——盗塁の一歩目の意識についてもお聞かせください。右足を二塁方向に出したり、一塁ベース側に少しだけ引いたり、選手によってさまざまな考えがありますが、近本さんはどのような意識を持っていますか。

近本 2年前から、右足を身体の下のほうに引くようにしました。構えた姿勢から、一足分だけ右足をずらす。このほうが、重心の位置をずらして、力が入りやすいパワーポジションを作れることがわかったので、プロに入る少し前から取り入れています。

——それ以前は、どんな動きだったのでしょうか。

近本　右足を二塁ベース方向に出していました。それは意識していたわけではなく、無意識です。右足を出しても、上体を一緒に動かせば、身体の下に置くことはできるんですけど、二歩目、三歩目で上体がぶれる感覚がどうしてもあったので、引くようにしました。右足を出すのも引くのも、どっちも間違いではないと思っています。

秋本　ぼくはどんなステップであっても、一番力が入る場所に一歩目を着くことが大事だと思っています。クロスオーバーでも、ジャブステップでもどちらでも構わないですが、傾いている身体の真下に着けるかどうか。

――近本さんは、「二塁方向に身体を早く向ける」という意識は持っていますか。

近本　じつは昨年までは持っていました。右足をずらして、右手を後ろに引く勢いを使って、早く向こうとしていました。それが今年の自主トレで、「その動きでは遅いな」ということに気付いて、できるだけ身体を向けないようにしています。

――感覚的にもタイム的にも遅いのでしょうか。

近本　タイムを計ると、向く意識を持っているほうが遅いですね。映像で振り返っても、2コマぐらい静止画がある感じです。四歩目までのタイムを何本か計測したんですけど、平均で0・08秒ぐらい違いました。

――今はどんな感覚で四歩目まで走っていますか。

近本　感覚的な話ですけど、できるだけ二塁方向を向かないようにしています。頭を落としていけば、自然に向くようになっていくのかなと。

秋本　それは、面白い視点ですね。おそらく、二塁方向に向こうとすることが優先されて、横移動の距離がほとんどないという意味だと思います。アメリカの論文では、「クロスオーバーよりもジャブステップのほうが、二塁方向への重心の移動距離が進んでいる」という研究結果も出ているようです。いろいろな要素を考えてみると、盗塁の構えや動き出しに関しては、まだまだ改良の余地があるのかなと感じます。新しいスタート姿勢や方法も開発できそうな気がします。阪神の選手を見て感じたのは、リード姿勢のときにかかとに重心が乗っている選手が多く、いざスタートを切るときに、つま先に乗る時間が必要になる。時間にすれば100分の数秒でしょうが、セーフとアウトをわける時間になりますよね。かかとを浮かせて、つま先側に加重をかけた状態で構えるやり方を提案させていただきました。

近本　ぼくは、かかとに乗って構えることはないので、秋本さんがおっしゃっていることはよくわかります。感覚としては、足の指で地面を噛んだ状態で構えるようにしています。

近本　基本的には五分五分ですけど、意識としては左足の内転筋に若干乗せるようにしています。ぼくの身体のタイプとして、構えた姿勢からもっとも力を発揮できるのがこの力のかけ方だからです。

――右足と左足の力の乗り方は五分五分ですか？

秋本　足が速い選手の構えをいろいろと研究していますが、ビリー・ハミルトン（元シンシナティ・レッズなど／メジャー6年間で277盗塁）やリッキー・ヘンダーソン（元オークランド・アスレチックスなど／メジャー25年間で1406盗塁）は、完全につま先側に加重して構えています。結構珍しいのが、片岡治大さん（元西武ライオンズなど／パ・リーグで4年連続盗塁王）で、かかと側に乗せて構えながらも、動き出しでつま先に乗るスピードが抜群に速い。なかなかいないタイプだと思います。

土のグラウンドと人工芝の走りの違い シューズによって走り方が変わってくる

――阪神タイガースの本拠地・甲子園球場は土のグラウンドですが、東京ドームやバンテリンドームのように人工芝の球場もあります。環境の違いによって、走る感覚はどのように変わってくるものですか。

近本　全然違いますね。正直、土のグラウンドのほうがしんどいですね。速く走りたくても走れないというか、しんどい要素が多いです。

――土のほうが反発を得にくいところはありますか。

近本　その日の土の状況によっての違いはありますが、むちゃくちゃ力んでしまうこともあります。それでも、本拠地が甲子園なので、ぼくの中では土のグラウンドがベースになっています。それが基本の感覚になっていると、バンテリンドームのような硬い人工芝で走ると、逆の意味でしんどくなります。お尻や足に結構な疲れがきます。

秋本　人工芝と土の両方で走らなければいけないのは、めちゃくちゃ難しいと思います。

ぼくは陸上トラックで走ってきた人間なので、下が硬くて跳ねるほうが、圧倒的に走りやすい。力を吸収されやすい土で走るのは、本当に大変だと思います。地面が柔らかくなるほど、難易度はどうしても高くなりますよね。

――スパイクはどのように使いわけていますか。

近本　金具のスパイクを土の甲子園球場、金具とポイントのミックスを人工芝で使っています。最近は、金具を埋め込んだ一体化のスパイクが流行っていて、たしかに軽くて足への負担は少ないいんですけど、打席や走塁のときに滑ってしまう感じがあって使っていません。

秋本　ぼくは自分で野球のスパイクを買って、何度か走っているんですが、陸上のスパイクと比べると重いですね。陸上のように軽くしてしまうと、バッティングのときに踏ん張れないこともあるのかもしれません。また、内川さんの話になりますけど、非常にチャレンジャーな方なので、プーマのサッカー用スパイクを履いて、公式戦に出ていたことがありました。「サッカーのスパイクは何でこんなに軽いの？」と衝撃を受けたみたいです。内川さんは、スパイクだけはいろんなメーカーを試してみたいようで、どこのメーカーとも契約していないんです。サッカーのスパイクも、プーマだけでなくミズノやアシックスも買って、いろいろと試していました。

近本　チャレンジャーですね。

秋本　めちゃくちゃな話をしますけど、近本さんが一塁に出塁したときに、すぐに陸上用のスパイクに履き替えられたら面白いですよね。いつの日か、そういう文化が生まれてもいいいんじゃないかなと。走ることだけを考えたら、陸上用のほうが優れていますから。これは提案ですけど、近本さんにはぜひ陸上用のスパイクを履いて、土の上を走ってみてほしいです。今までとはまた違った感覚が生まれてくるかもしれません。陸上用のスパイクはどんどん先に進んでいて、桐生選手はピンがひとつもない「ピンなしスパイク」を履いて、話題を呼んでいます。

近本　それは、すごいですね。軽いんですか？

秋本　めちゃくちゃ軽いです。ピンがなくても滑らないように開発されています。

近本　じつは、今年のキャンプから、サッカーシューズに近い野球用のスパイクを履く予定で、足の負担や走りやすさを体感してみます。

秋本　面白いアイデアだと思います。スパイクひとつで、走り方は間違いなく変わります。今、長距離界はナイキの厚底ブームですが、あれを履くことによって長距離選手のフォームが変わり始めています。いわゆる「フォアフット着地」を体現しやすくなり、スピードに乗って走れるようになりました。カーボンの素材がいいとも言われていますが、厚底を履くことによるフォームの変化が、タイムの向上につながっているのだと感じます。

近本　そんなに変わるものなんですね。

秋本　だから、近本さんにも陸上の短距離用のスパイクを試してほしいんです。フォームがさらに改善されるかもしれません。じつは、タイガースのファームの選手に、ランメニューのときにナイキの厚底靴を貸してあげたことがあります。感想を聞いてみると、「自分の努力度以上に、タイムが出る」と。ぼくが見ていても、走りのフォームが良くなっている選手が何人かいました。シューズの進化によって、フォームが改善される時代になってきています。

かかとが潰れなければ目線もぶれない外野フライは上体が浮く難しさがある

――三塁盗塁についても教えてください。シャッフルからスタートを切るときに、気を配っていることはありますか。

近本　ぼくはシャッフルからスタートを切るのが、結構苦手なんですよね。二塁盗塁のように、ゼロの状態から動くほうが得意。たとえば、ジャンプするにしても、動きの中でのジャンプよりも、その場でジャンプするほうが得意にしています。

――そうなんですね、結構意外な感じがします。シャッフルの最後の一歩を、身体の真下に着くような意識は持っていますか。

近本　シャッフルのときはそこまで意識していません。三盗に関しては、流れの中でスタートを切ることが大事なので、「行っちゃえ！」という場合がほとんどですね。

――外野手のスタートの一歩目はどうでしょうか。

近本　意識していることは、左右前後どちらに動くにしても、「一歩目を身体の近くに着く」ということです。はじめから、大きく踏み出してしまうと、力が入りきらないポジションでスタートを切ることになってしまいます。

秋本　基本的な考えは、盗塁と同じでいいと思います。できるかぎり、身体の真下に一歩目を着く。さきほど、フライを初めて捕ったときの話をしましたが、スローで自分の動きを見てみると、陸上のスタートと同じような場所に着地していました。その引き出ししか持っていないのもあるのかもしれないですけど。

近本　でも、野球でもその陸上の走りができたら絶対に強いと思います。打球判断に関することを除けば、ぼくが走るよりも、秋本さんが走ったほうが守備範囲は広くなるのは当然ですよね。

秋本　事前に外野フライの話で聞いていたのが、「走りながら打球を追うことで、目線がぶれる」ということでした。でも、実際に打球を追っていても、ボールははっきりと見えていて、「ボールってこんなにゆっくり落ちてくるんだ」と感じました。グラブで捕ることに慣れていないのもあって何回か落球したんですけど、目線がぶれるようなことはなかった。じゃあ、ぶれる原因はどこにあるのかとなると、一歩一歩走るたびに、かかとが潰れてしまうからだと思います。かかとが潰れることによって、目線の上下が起きてボールが揺れてしまう。かかとが潰れないように、片足でしっかりと身体を支えることがいかに大切なことか、改めて実感しました。だから、速く走ることを追求することは、外野守備の上達にもつながっていくんじゃないかと考えています。

近本　ぼくの中で、「目線がぶれる」というのは、上体が浮いているときに起こる現象です。高いフライを追いかけようとすると、どうしても重心の位置が高くなり、上体が浮いてしまう。普段の走りと着地の感覚がずれることによって、目線まで変わってくることがあります。

――なるほど、外野手ならではの視点ですね。

秋本　もっと、外野手の走りを研究してみたいですね。フライを捕ったときの動画を送るので、近本さんの感想をぜひお聞きしたいです。「秋本さんの走りは、この状況なら使えるけど、こういうときには難しいです」という本音を教えてください。

近本　わかりました！

――ちなみに、秋本さんもお話しされていましたが、グラブを持っている手をより強く振ろうとする意識はありますか。

近本　ありますね。速く走ることを考えるなら、振るほうがよくないですか？　重たいグラブを持っている分、しっかりと振ることが大事だと思います。

今でも走るのは楽しい
大人になったら「頭の勝負」

――近本さんは大学生になるまで「走り方を教わったことがない」と言われていましたが、子どもの頃から走りの技術を教わる環境があれば、走りに対する意識はもっと変わってくると思われますか。

近本　そう思います。野球でも何でも、スポーツには走ることが関わってくるので、走ることに興味を持ってほしいですね。周りに専門のコーチがいなければ、学校にいる陸上部の友達や先生に聞いてみるのもいいと思います。自分から情報を取りにいく。あとはやっぱり、走ることが楽しいと思えれば、「もっと速く走りたい」と思うはずです。

――近本さんはプロになった今も、走るのは楽しいですか。

近本　楽しいですね。今年の自主トレで、盗塁のスタート練習をやっていたんですけど、毎回毎回同じ走りができないんですよね。難しい。頭で考え始めると、「どう動いたらいいんだろう?」とスタートが切れなくなる。素振りもそうですよね。考えれば考えるほど、「あれ? どうやって振るんだっけ?」と余計に動けなくなってしまう。でも、ぼくはその時間が一番楽しい。まだまだ課題があるし、まだまだ伸びるところはあるなという感覚になります。

――できないということは、できるようになる可能性がある。

近本 そういうことですね。

――足に関して、2021年の目標はどこに定めていますか。

近本 もちろん、3年連続の盗塁王を獲りたいですけど、今まで以上に価値のある盗塁、質の高い盗塁を増やしていきたいです。ただ走っているだけでは、身体への負担もかかってくるので、走る技術を突き詰めていきたいです。

秋本 今の近本さんの考えはとても大事なところで、がむしゃらなフォームで走っていては、どこかで若い頃のように走れなくなる時期が来てしまいます。どれだけ、効率のいい走りを体得して、走りの質を高めていくか。ぼくは、近本さんがその技術を手に入れるのはそんなに難しいことではないと思っています。近本さんには考えられる頭と体現できるフィジカルがあるので、あとは身体の使い方をどうやって習得していくかがカギになっていきます。

近本　ありがとうございます。

秋本　たくさんのアスリートと接する中で感じるのは、自分の頭で考えて自分の感覚に落とし込める人こそが、プロの世界で長く生き残っているということです。ぼくは30歳まで競技生活を続けましたが、若い頃に為末大さんによく言われていたのが、「大人になったら頭の勝負だぞ。頭をどう使うかだからな」。実際にそのとおりで、若いときのようには身体が動かなくなってくるときが、必ずやってくる。そのための準備を、今のうちからやっておきたいですよね。

――「頭の勝負」。いい言葉ですね。

秋本　今日は近本さんが考えていることをじっくりとお聞きすることができて、とても勉強になりました。

近本　こちらこそ、ありがとうございました。ぜひ、またよろしくお願いします。

おわりに――「走り」を学ぶことを文化に

2012年まで続けた現役生活では、自分の足を速くすることに本気で取り組む日々を送っていました。オリンピックに出たい、自己記録を更新したい。常に、矢印は自分に向いていていました。

この気持ちに変化が表れたのは、競技生活を終えてからです。引退後、2014年に「スプリントコーチ」という肩書きを名乗ったときに、自分の足を速くすることから、人の足を速くする人生を送ろうと決めました。

それから8年。たくさんの仲間やアスリートに恵まれ、「スプリントコーチ・秋本真吾」の名前が少しずつ認知されるようになりました。

一番のやりがいを感じるのは、走りのアドバイスを送った子どもたちやアスリートが、「走りの感覚が変わった」「タイムが縮んだ」と喜ぶ表情を目にしたときです。その表情は、小学生もプロ野球選手も変わりません。私自身、試合で自己ベストを出したのと同じような喜びを感じることができます。

スプリントコーチの活動を続けていく中で、子どもからトップアスリートまで、「『速く走りたい！』と思っている人がこんなにもいるんだ」と知るようにもなりました。もしかしたら、人間の本能なのかもしれません。

子どもの頃、運動会のリレー競技に選ばれ、自信を得た人もいると思います。野球選手であれば、間一髪のプレーがセーフになり、盗塁の成功率も高まる。守備範囲も広くなるでしょう。速く走れることによって、さまざまな可能性が生まれてくるのです。

「走り」を学ぶことを文化にする――。

これが、私の今の夢です。「スプリントコーチ」という存在がプロ野球12球団に当たり前にいる世の中にしたい。高校野球や少年野球でも、走り方を教えられる専門家がいる。もっといえば、体育の授業でも走りについて学べる機会がある。

「速く走ること＝才能」と思われている人が多いかもしれません。たしかにトップアスリートのレベルになれば、生まれ持った素質が影響してくる可能性もあります。それでも、確実に言えることは、速く走るための理論を知り、速く走るためのトレーニングを重ねていけば、「今の自分を超えることはできる」ということです。自己ベストへの追求には、才能も年齢も関係ありません。

本書『走塁革命』を読んで、「速く走れるようになった」「走るのが楽しくなった！」と思ってくれる人がひとりでも多くいたら、とても嬉しく思います。そして、速く走る喜びをきっかけにして、将来的に「スプリントコーチ」を目指す人たちが増えてくれたら、これ以上の喜びはありません。

今回は書籍を通しての交流でしたが、読者のみなさんと野球場や競技場で会えることをまた楽しみにしています。最後までお読みいただき、ありがとうございました。

２０２１年５月　　　　スプリントコーチ・秋本真吾

［参考文献］

『コーチング・クリニック』２０１８年8月号（ベースボール・マガジン社）
『１００ｍ中間疾走局面における疾走動作と速度との関係』（伊藤章ら、１９９８）
『ケニア人の陸上中・長距離選手の骨格・筋腱の形態と神経・筋腱の機能特性』（佐野加奈絵、２０１５）
『42・１９５㎞の科学』（ＮＨＫスペシャル取材班／角川書店）
『最強の走り方』（秋本真吾／徳間書店）
『スプリント学ハンドブック』（日本スプリント学会／西村書店）
『競技スポーツ別ウエイトトレーニングマニュアル』（有賀誠司／体育とスポーツ出版社）
『世界と日本の一流短距離選手のスタートダッシュ動作に関するバイオメカニクス分析』（貴嶋孝太ら、２００８）
『短距離走における腕振り動作の反動効果が疾走速度に及ぼす影響』（木越清信、２０１５）
『疾走中における肉離れについて』（奥脇透、２０１８）
『スプリンターの大腰筋横断面積と疾走速度の関係』（榎本好孝ら、１９９７）
『下肢の筋持久性と４００ｍの走中の疾走速度逓減との関係』（尾縣貢ら、１９９８）
『Anatomical differences in the psoas muscles in young black and white men』（ＰＡＴＲＩＣＫ ＨＡＮＳＯＮら、２００２）

走塁革命

2021年7月2日　初版第一刷発行

著　　　者／秋本真吾

発　行　人／後藤明信
発　行　所／株式会社竹書房
〒102-0075
東京都千代田区三番町8-1 三番町東急ビル6F
email: info@takeshobo.co.jp
URL http://www.takeshobo.co.jp

印　刷　所／共同印刷株式会社

カバー・本文デザイン／轡田昭彦+坪井朋子
協　　　力／CHEETAH SPRINT CLUB（北原基行・鷲野哲平）
特別協力／近本光司（阪神タイガース）・取手シニア・中央学院高校野球部
カバー写真／CHEETAH SPRINT CLUB（北原基行）
本文写真／小堀将生・CHEETAH SPRINT CLUB（北原基行）
動画制作／小倉真一
編集・構成／大利 実

編　集　人／鈴木 誠